2・3・4年生

がなぜか言うことをきいてしまう教師の

言葉かけ

丸岡慎弥 著

JN011313

学陽書房

「これまで高学年ばかりを担任していたから、2年生や3・4年生の担任は不安だな……」

「2・3・4年生の子どもたちが元気に伸び伸びと成長していくには、どんな言葉かけが有効かな……」

本書を手に取ってくださった先生方は、こうした不安や悩みを抱えていらっしゃるのではないでしょうか。また、「小学校生活のど真ん中ともいえる2・3・4年生の実践をさらに深いものにしていきたい！」と、この学年の子どもたちへの指導をさらに高めようと意欲をもっている先生もいらっしゃると思います。

本書は、そうした先生方の悩みや不安に、「言葉かけ」による指導という視点で解決するために生まれました。

もっと子どもたちへよりよい教育を届けたい。私は、そうした強い思いから、これまで、次の2つのことを学んできました。

・コーチング

・ＮＬＰ（Neuro-Linguistic Programming の略で、日本語では神経言語プログラミング）

そして、子どもたちのよりよい人生とは何かを考えるために、「well-being（ウェルビーイング：身体的、精神的、社会的に良好な状態にあることを意味する概念で、「幸福」と翻訳されることも多い）」や、さらにはデンマークで行われている民主主義を中心とした教育についても学びながら日々の指導にあたっています。それらの学びから吸収したことを教育の現場の中で、子どもたちに対してどのように落とし込んでいくことができるかを模索しながら研究を深めていますが、そうした学びと実践の毎日から、教育においては、やはり「言葉かけ」が非常に大切な要素であることを確信したのです。

人は、言葉を栄養として生きているといっても過言ではありませ

ん。偉人や有名人をはじめ他者の言葉にふれることで活力をもらい、家族や友人にやさしい言葉をかけてもらえば癒しになります。そして、「人生とは?」「学ぶということは?」と問いを投げかけられれば、それについてしっかり向き合い、考えていくものです。人間にとって言葉の影響が非常に大きなものであることは、言うまでもないことでしょう。

　このことは、小学生の子どもたちにとっても同様で、感受性の強い2・3・4年生の小さな子どもたちであればこそ、大人からの「言葉かけ」には強い影響を受けるのです。本書では「2・3・4年生」の3学年をつなげて扱いました。入学時に注目された子どもたちも、2年生以降から高学年になるまでは、学校全体からの注目度がどうしても落ちてしまいがちです。しかし、先生方もご存じの通り、この3年間でどんな教育を受けるかで、子どもたちの育ちは大きく変わります。だからこそ、そこにスポットを当て、2・3・4年生の元気なエネルギーを輝かせるべく扱わせていただきました。

　これからの時代を生きる子どもたちは、「どのようにしてよりよく生きるか」を実現する力を身につけなくてはいけません。それは、自分自身の力に気付き、自分自身で選び取り、自分自身でつくり出して決断するという力です。そうした力を子どもたちが身につけることができるかどうかは、日頃、子どもたちのそばにいる教師の日々の「言葉かけ」にかかってくるのです。

　コロナの影響により大きく時代が変わろうとしています。教室には、1人1台端末も配備されました。私たち教師も大きく変わらなければいけません。さあ、コーチングやNLPの要素を含んだ言葉かけを取り入れながら、子どもたちとともに新しい時代の一歩を踏み出しましょう。

丸 岡 慎 弥

CONTENTS

CHAPTER.1

2・3・4年生はここを押さえる！
言葉かけの超基本

CHAPTER. 2

決め手はここ！
男女別言葉かけの
ポイント

CHAPTER.3

クラスがまとまり活気づく！
学級活動場面での言葉かけ

CHAPTER.4

落ち着きや成長をどんどん引き出す！
生活指導場面での言葉かけ

CHAPTER.5

集中＆意欲を刺激する！
授業場面での言葉かけ

CHAPTER.6

個々の成長とクラスの団結を！
行事指導場面での
言葉かけ

2・3・4年生はここを押さえる！
言葉かけの超基本

まずは2・3・4年生それぞれの成長に合わせた
言葉かけの基本をしっかり押さえます。
1年ごとの違いや学年の持ち味を丁寧に見出しながら、
子ども1人1人を輝かせる言葉かけを
目指しましょう。

学級開きからの1週間、1か月で必ず押さえるべきこと

学級づくりにおける成功のカギは、4月の学級開き、出会いの1週間にあるといっても過言ではありません。そしてまた、はじめの1か月は、その1年間のクラスの命運を握る大切な時期なのです。

2年生：はじめての進級による「不安」を解消

ついこの間までは1年生だった子どもたち。「進級」というはじめての体験による不安は、教師が考える以上に大きいということを忘れてはいけません。

「もう2年生」だからではなく、「まだ2年生」なのです。もちろん、「先生の言うことをきちんと聞こう」という指導を根本に置くことは必須ですが、まずは不安を取り除いていく視点が不可欠です。

3年生：少しずつ「自ら考える」を取り入れていく

3年生ともなった子どもたちは、少しずつ考えて行動することができるようになっていきます。4月の「はじめまして」の日から、「自分で判断して行動させる」ことを教師が意識して指導していくようにしましょう。

学級開きの日から、ほんの少しでも自分で判断して動く場面を仕掛けていくと、子どもの中に、自然と「自ら動く意識」が養われていきます。もちろん、まだまだ「先生の言うことをきちんと聞こう」が指導の前提であることは忘れないようにしましょう。

✅ 4年生：「自分でできる」×「素直さ」を引き出す

　4年生の子どもたちには、もう低学年という意識はありません。自立心が大きくなり、どんどん自分たちで行動したがるものです。出会いの日から、どれだけ自分たちで行動させていくことができるかで、その1年間の成長が決まってくるともいえるでしょう。

　それでも、まだまだ「先生の言うことはきちんと聞こう」という素直さは残っている学年でもあります。これらの特性をポジティブに捉えながら指導計画を立てていくのが必須です。

ここがPOINT

少しずつ「自ら考える」を取り入れる

2年生　3年生　4年生

この先生なら安心！

ADVICE!

どの学年でも、「先生の言うことはきちんと聞こう」が指導の前提です。その上で、学年の持ち味を見極め、1年間の成長目標に合わせた効果的な指導を仕掛けましょう。

丁寧なコミュニケーションで
「学校が大好き！」を育む

　学年にかかわらず、子どもの指導において、教師がもっとも大切にしていかなければならないことの1つに、子どもたちが「学校が大好き！」と思える環境を目指すことがあります。そのためには、丁寧なコミュニケーションが欠かせません。

♥ 信頼関係があってこそ

　「子どもたちが学校が大好きになるためには？」と問われると、まずは「授業を楽しくする」「休み時間に思いっきり遊ばせる」「魅力的なイベントを行う」など、すぐに子どもが熱中しやすいことを思い浮かべるのではないでしょうか。

　もちろん、これらが「学校が大好き！」になる要因であることは間違いありませんが、たとえどんなに楽しいことでも、子どもたちが本当の意味で「学校が大好き！」となるためには、その土台をかたちづくる不可欠な要素があることを忘れてはなりません。それは、教師と子どもとの間に「信頼関係」ができているかどうかということです。

♥ 「ラポール」を築く

　信頼関係の構築を、心理学では「ラポール」といいます。フランス語で「架け橋」という意味です。どんな教育技術をもった教師も、子どもとの信頼関係なしには、その効果は望めません。まずは「教師と子どもが信頼関係を築く」ところから、すべては始まるのです。

　では、どのようにして、信頼関係を育んでいくのか。そのカギこそが、言葉かけを中心とした「丁寧なコミュニケーション」なのです。

✔️ 基本的な日々の言葉かけに力をそそぐ

　「丁寧なコミュニケーション」といっても、１人１人の子どもに合わせたこまめな交流を行なわなければならないということではありません。毎日の学校生活における基本的な言葉かけを丁寧に紡いでいくことが大切なのです。挨拶をすること、名前を呼ぶこと、「ありがとう」「がんばったね」などの言葉を伝えること。そして、子どもの言動について、たとえささやかなものでも、見落とさずにほめてあげること。当たり前の言葉かけにこそ手を抜かず、日々丁寧に行っていくことが、確かな信頼関係を築いていくのです。

ここがPOINT

「学校が大好き!」はラポールがあってこそ

ADVICE!

いわゆる「気になる子」や「やんちゃな子」はもちろんのこと、「気にならない子」にも意識を向け、気を配った指導をしていかなくてはいけません。

ギャングエイジの成長に合わせた
言葉かけ

　言葉かけの基本はギャングエイジといわれる2・3・4年生でも高学年でも同様です。しかし、高学年とは違い、発達段階に合わせた言葉かけを意識しなくてはいけません。

 ## 2年生は感覚にアプローチ

　低学年の子どもたちは、論理で動くよりも感覚で行動することがほとんどといっても過言ではないでしょう。そうした2年生の子どもたちに有効なのが、「擬態語を活用する」ことです。

　「サッと帰る用意をしましょう」「ギュッと鉛筆を持ちましょう」などと音の表現を用いて伝えることで、無理なく行動を促すことができます。

 ## 3年生からは少しずつ論理を加える

　3年生は、2年生の感覚を起点に、徐々に論理的な要素を加えていくイメージをもって言葉かけをしていきましょう。

　特に男子よりも女子のほうが、発達が早い傾向がありますので、その都度反応を確認しながら、男子には擬態語を用いながら、女子には論理的な要素を加えながら伝えるというように使い分けていきます。発達の変化が著しい学年でもありますので、子どもたちをしっかり観察しながら、それに合わせた言葉かけに努めましょう。

4年生は論理的に伝える

　4年生は、感覚ではなく論理で動くことができるようになっています。もちろん、「感覚」に訴える言葉が通用しないわけではありませんが、「丁寧な文字を書くために、しっかり鉛筆を持ちます」「集中力を高めるために、姿勢をよくします」など、「なぜ、その行為を行うのか」という具体的な説明を入れて言葉かけをするようにします。それが、思考力を鍛えることにもつながります。

 ADVICE!
「擬態語」を用いた言葉かけや論理的な要素を入れた言葉かけをすることで、教師の言葉かけを増やすことができます。常に意識していきましょう。

2・3・4年生に効果的な

言葉かけ① 承認

　2・3・4年生への承認の基本は、「はっきりと名前を呼ぶ」ことです。家庭ではまだまだ幼い子どもとして大事に育てられている時期です。そうした視点を踏まえながら子どもたちを承認していきます。

✔️「呼名」+「指示」

　2・3・4年生の子どもも、各学年でそれぞれに差はあるとはいえ、それでもまだ、どの子も家庭ではまだまだ「小さな子ども」として扱われているものです。そうした状況があることを、教師は忘れてはいけません。子どもの名前を呼ぶときにも、大きめの声できちんと呼名してあげましょう。例えば、給食時に「ナプキンを敷きましょう」と言うだけではなく「○○さん、ナプキンを敷きましょう」とします。クラス全体への呼びかけも、「○年○組のみなさん、〜〜しましょう」とするといいでしょう。

✔️ 休み時間には親しみのある呼び名で

　授業中には、「○○さん」「○○くん」と呼名する指導が基本ですが、休み時間には少し砕けた親しみやすい呼び方をするのも効果的です。

　例えば、苗字ではなく名前で呼んだり、子ども同士の間でのニックネームで呼んだりすると、パッと笑顔がひろがるものです。とくに家庭ではかわいらしい愛称が用いられている時期でもありますので、そうした呼び名を学校でも取り入れることが、承認へとつながっていきます。

✔️ 小さな成果を察知する

　承認の基本は、「事実を認める」ことにあります。「よく学校に来たね」「よい姿勢で座れているね」「友だちの話が聞けているね」「発表ができてすごいね」など、一見当たり前に思われるようなことも見落とさず、認めて、声をかけていくようにします。

　こうしたことは、じつは当たり前のことではなく、すべて子どもたちの努力の成果なのです。小さな成果にこそ教師が敏感になることが、承認を高め、子どもたちの成長を引き出していくのです。

ここがPOINT

ADVICE!

４年生では、精神発達が早く、「名前」で呼ばれることを恥ずかしがる子が出てくるかもしれません。発達段階を見極める意識が欠かせません。

2・3・4年生に効果的な

言葉かけ② 確認

　2・3・4年生の特徴の1つとして、集中力を欠く傾向が強いことがあります。遊びやおしゃべりに夢中になりすぎて、なかなか指示が通りにくい状況も多くありますが、それを解消するのが「確認」です。

✔️ 子どもたちの力をつける「確認」

　同じ教育サークルで学んでいる先生の中に、どんなクラスを担任しても算数の単元テストの平均点が90点を超えるという凄腕をもった方がいました。その素晴らしい状況を知った私は、その教育技術がどうしても気になり、ある日、「どのようにすれば、子どもたちに力をつけてあげられるのですか？」と質問してみました。すると、その凄腕の先生からは、「やはり確認ですね！」という答えが返ってきたのです。それほどに「確認」は、疎かにできない指導法なのです。

✔️ 「指示」とセットで

　では、どのようなときに「確認」が効果を発揮するのでしょうか。それは、例えば、「ノートを出しましょう」「立ちましょう」などの指示をあたえるとき、この指示の後に、必ず確認を入れるようにするのです。授業中にかかわらず、もちろん学校生活のさまざまな場面において、必ず指示とセットで確認は行います。

　4年生くらいまでの子どもたちは、自宅に持って帰るものが分からなくなるなど、荷物の管理がうまくできない子が少なくありません。帰りの会でも確認は必須なのです。

✅ さまざまな「確認」が子どもの力を引き出す

確認の仕方は、さまざまにあります。「書けたら、書けましたと言います」「できたら、手を挙げましょう」「国語の教科書を、(その場で)先生に向けてください」「正解と思うほうを指さしましょう」「隣同士で見せ合いっこをしましょう」「今、先生が説明したことをお隣の人に説明してみましょう」「できたら先生に持ってきます」などというように、いつも同じパターンを繰り返すのではなく、バリエーションをつけながら、子どものやる気や成長を促していきます。

ここがPOINT

2・3・4年生に効果的な

言葉かけ③ 問いかけ

　問いかけは、どの学年においても言葉かけの基本です。「問い」と聞くと難しく感じるかもしれませんが、「なぞなぞ」「クイズ」となれば一気に親しみを感じさせることができるでしょう。

✔️「問いかけ」から気付かせる

　問われるからこそ考えるという思考のはたらきは、人間の脳の構造上からも明らかにされています。また、脳は空白を嫌うともいわれます。直接的な言葉かけをする前に、「伝えたいことを、問いかけにしてみようか」と、いつも考えさせるように仕向けます。

　例えば、「早く帰る用意をしなさい！」ではなく、「何分間で用意できるかな？」「早く用意するコツはなんだろう？」と、問いかけを通して子どもたちに気付きを促していきます。

✔️ 決まったフレーズを導入する

　クラス全体で、問いを出す前の合図を決めておくのもいいでしょう。「クーイズ、クイズ！」→「なーんのクイズ？」などリズミカルなものは特に2年生に、「ここで問題！」など歯切れのいいものは3・4年生におすすめです。

　決まったセリフを常に用いていくことで、子どもだけではなく、教師も、改めて「問いのかたちで気付かせていこう」という思考のスイッチが入ります。問いかけを日常の中で活用していきましょう。

✅「問い」が「主体的に学びに向かう力」を育てる

　日常的に「自分たちで気付く」ことが身についているクラスでは、授業中もたくさんの気付きや疑問が自然に生まれてくるようになります。こうした習慣こそが、「主体的に学びに向かう力」を育んでいくのです。学年に関係なく「問い」「問題意識」などといった「知りたい！」という欲求に揺さぶりをかけていくようにすると、子どもたちは自然と学びに向かう力を伸ばしていくことができます。

　つまり、「問いかけ」が思考を鍛えていってくれるのです。

ここがPOINT

ADVICE!

「早く用意できるコツを３つ言おう！」などと、具体的な数字を用いて問いかけをしていくと、子どもの思考が整理されやすく効果的です。

2・3・4年生に効果的な

言葉かけ④ 叱る

「叱る」ことを避けようとする先生もいらっしゃいますが、叱ることなしに教育は成立しません。むしろ、大切な指導法の1つとして、叱ることを戦略的に盛り込むようにしていきましょう。

✔ 「叱り」で気付きを引き起こす

私たち教師も、「叱られて気付くことができた」という経験を必ず1つや2つはもっているはずです。なかには、「あのときに叱られたからこそ、今がある」というような自分の人生にとってかけがえのない思い出をもっている先生もいることでしょう。

もちろん、それほどの大きな体験ではなくても、「定規をきちんと使いなさい」「丁寧な文字を書きなさい」などと小さな叱りを入れて気付きを促すことは、子どもたちの成長を引き出す確実な一歩へとつながっていきます。

✔ 戦略的に「叱る」

叱りに効果があるからといって、そこに甘んじて、安易に行ってはいけません。叱る指導ばかりを続けていては、教師と子どもとの信頼関係が大きく崩れたり、クラス全体の雰囲気が取り返しのつかないくらいに悪くなったりすることがあるからです。

「1度叱れば6回ほめろ」といわれるように、叱ったら、その後はきちんとほめることは欠かせません。また、「いつ叱るのか」「どういうときに叱るのか」を明確に示し、戦略的に行っていきましょう。

✔️「短く」「行為」を叱る

　叱る指導の基本は、「短く」と「行為」です。子どもに長々と叱ることは、まったく効果がないばかりか、教師への不信感が高まるばかりです。同時に、「行為を叱る」ということに徹していくことも忘れてはならないポイントです。例えば、「廊下は走りません！」が行為を叱るということであって、「廊下を走るなんて、あなたはダメな子だ」と人格を否定するような叱り方は絶対にあってはならないことです。

　「短く」と「行為」を忘れないようにしましょう。

ここがPOINT

ADVICE！

叱った後は、すぐにいつもの表情、雰囲気に戻りましょう。子どもたちは、その経験を通して「先生が叱ることには意味がある」という安心感を抱きます。

言葉かけは
言葉だけにあらず

　子どもたちへの言葉かけは、もちろん「言葉」によるものだけではありません。表情やジェスチャー、そして、声の出し方など、さまざまな方法と組み合わせを用いて行っていきましょう。

✓ どのような方法で届けるのか

　「言葉をかける」といっても、どのようなかたちで届けるのかで、その効果はまったく異なります。「すごいね」という言葉ひとつとっても、さりげなく近づいて伝えるのか、クラス全体の前で高らかに伝えるのか、あるいは、その子がいないときに友だちにさりげなく伝えるのかで、その子どもの受け取り方は変わってきます。

　言葉かけは、「その子にどのように届けるか」ということまでを丁寧に考えることで、強力な効果を発揮することを覚えておきましょう。

✓ 「ジェスチャー×言葉かけ」で効果アップ

　言葉に合わせてジェスチャーを加えることも有効です。例えば、「すごい！」と言いながら、親指を立ててグッドの合図を送ったり、手を使って丸印をつくったりしてもいいでしょう。そうすると、集会や健康診断などのような会話ができない状況でも、口の動きとジェスチャーとを用いて言葉かけができるようになります。

　子どもたちは、教師のオーバーリアクションをとても喜びます。積極的に体も使って、子どもたちに言葉かけしてあげましょう。

✔ 「表情×言葉かけ」でさらなる効果アップを

　言葉かけに「表情」も合わせていくことで、より大きな効果が発揮されます。驚いたような表情、うれしそうな表情、悲しそうな表情など、教師自身の感情を言葉にのせていきます。

　こうしていつも教師が表情豊かにしていることは、「ここぞ」のときに表情をなくす場面でも同様に効果をもたらします。子どもたちは、「きちんとしないと」「今は真剣に」などというように感じ取れるようになり、教師の「無表情」も強い武器に代わっていくことでしょう。

ここがPOINT

言葉かけは **言葉だけ** にあらず

シチュエーション × ジェスチャー × 表情

全体／個別　すごい！

ADVICE!

自分の表情に自信がないならば、ぜひ鏡の前で練習することをおすすめします。特に「笑顔」は、教師の表情の基本としたいものです。

あらゆるネタを活用＆駆使して
子どもの心をグッとつかむ

　ギャングエイジといわれる時期の子どもたちには、ネタを活用することで教師に意識を向けさせ、集中を高めさせることができます。いろいろなネタを仕入れ、活用していきましょう。

♥ 教師ではない存在に言わせる

　一番簡単で子どもたちの心をつかむことができるのは、「ものまね」でしょう。もちろん、ものまねが苦手だという先生もいらっしゃるかと思いますが、上手にできなくても、何か１つ、突然、変身できるようなキャラクターを用意しておきたいものです。私の場合は、それがミッキーです。ありったけの高い声を出して「ミッキーだよ」と言うだけで、子どもたちは大喜びです。突然、「よく九九を覚えられたね！ミッキーうれしいよ」というように言葉をかけると、教室は明るい笑い声に包まれ、子どもたちはさらに九九に夢中になります。

♥ レベルを示して子どもの意欲を高める

　子どもたちに意欲付けを仕掛ける言葉かけのネタとして、「レベルを示す」という方法があります。例えば、「このノートはすごくきれいにまとめられているね。高学年レベルだね！」と言うと、子どもたちは「これは!?」「これは!?」と見せにくるようになるのです。
　「これはすごいね！　中学生！」「これはもう大学生だね！」などと出来栄えなどのレベルを分かりやすく示すことで、意欲がグッと高まり、目を輝かせて取り組みます。

✅ 擬人法や名言で修正を促す

　上靴のかかとを踏まないように指導しても直さない子には、擬人法が効果的です。「上靴が泣いているよ」と伝えると、アッと気付いた表情になり、素直に履き替えます。また、鉛筆が動いていない子には、「鉛筆くんがひまそうだね」などと言います。擬人法は高学年には、あまり効果はありませんが、4年生頃までは有効な手立てです。併せて、名言も子どもたちの心をつかみます。靴を揃えない子に、「靴の乱れは心の乱れだね」と伝えたり、姿勢が悪い子に、「姿勢の乱れは心の乱れ」と伝えていくと、反発を起こさずに、サッと正していきます。

ここがPOINT

あらゆるネタを活用する

- すごいね〜♪
- ミッキー風
- ゲラゲラ
- 靴の乱れは心の乱れ!
- 靴を揃えて心を揃えよう!
- 中学生レベルだ!
- 大学生をめざすぞ!

ADVICE!

レベルの示し方には、「日本一」「世界一」「宇宙一」なども有効です。「宇宙一の掃除名人だね!」などとほめると、がんばりに拍車がかかります。

スケーリング・クエスチョンで
判断力を身につけさせる

　高学年までに身につけさせたい力は、「自分で自分のことを判断させる」ことです。そのための練習の1つとして「スケーリング・クエスチョン」という言葉かけが有効で、自立の力がめきめき育ちます。

❤ 大きさや数字でふりかえらせる

　スケーリング・クエスチョンとは、スケール（大きさや数値）を用いて質問をする方法のことです。例えば、「今日の掃除は、4点満点中何点でしたか？　自己採点しましょう」というように、子どもたち自身に行動や結果、気持ちをふりかえらせるのです。

　この質問活動は、「速い、簡単、効果的」と三拍子揃った優れた活動です。慣れてくると子どもたちだけでもできるようになっていきます。

❤ さまざまな方法を場面に合わせて使い分ける

　子どもたちが取り組みやすいスケーリング・クエスチョンの方法は、さまざまにあります。「4点満点中〜」（5点だと3を選ぶ子が多くなるので要注意）といったものから、「手で大きさを表す（両手を大きく広げれば広げるほど大きい）」「手の挙げ方で示す（ピンと上がっていたら一番大きい、突き出すように上げていたら真ん中）」などです。

　声を出さずにジェスチャーのみで行うようにすれば、授業中、集中を切らしたくないときや、静かにしなければいけない場面でも有効です。

✔ 自己調整学習が高まる

　スケーリング・クエスチョンの取り組みは、学習指導要領で重要視されている「自己調整学習」を高めるためにも不可欠です。

　これからの時代を生き抜くためにも、子どもたちには「自分で自分のことを見つめる（メタ認知）力」がより強く求められてきます。他人から言ってもらったり、気付きを促してもらうだけではなく、自分自身で自らをふりかえり、気付けるようにならなければなりません。その力を、スケーリングを用いた言葉かけが高めていきます。

ここがPOINT

今日の掃除は4点満点中何点だった？

今日は3点かな…

どうしたら4点になるかな……

ADVICE!

質問の際、大きさや数値に「真ん中をつくらない」のが私のポリシーです。中間をとらず、「どっちなのか？」と真剣に考えさせることが重要です。

やんちゃな子と発達障がいの子との見極め

　新しいクラスの担任スタートとなる4月。子どもたち1人1人の個性が、まだ分からないままに過ごすことになる時期です。もちろん、指導要録や前年度からの引き継ぎ、その他の資料などをめくりながら、「この子はどんな子どもなのかな？」「何か困ったことや課題を抱えてはいないかな？」という思いをめぐらせながら子どもたちと向き合っていきます。

　同時に、より注意を傾けていきたいこととして、「発達障がいなど、個人の努力だけで解決することが難しい課題」を抱えていないかどうかをみることです。一般的にいわれている「やんちゃな子」「手がかかる子」が、本人の心情が原因なのか、それとも、発達の課題が原因なのかを、できるだけ早く見極めるように努めていきます。

　ここを早くに見極めなければ、こんなことも起こり得ます。

　「どうして自分ばかりが怒られるのだろう……」「悪いことをしているつもりはないのにな……」と、そんな思いを1日のみならず、場合によっては毎日抱えさせてしまうかもしれないのです。すると、あんなに明るく元気に過ごしていたあの子が、ついに「学校、楽しくない」「学校、行きたくないな」と漏らすようになります。保護者もまた、「これまで、そんなことを子どもから聞くことは一度もなかったのに……」と、不安を感じるようになります。

　教師がその子の個性を見極めることができないことが原因で、教師も、子どもも、保護者もよい方向に進まなくなってしまうのです。

　発達障がいを抱えているかどうかの専門的な判断は、教師にはなかなか難しいものですが、例えば、水泳や縄跳びのように、同時に別々の動きをすることに困り感を抱える場面、友だちとのコミュニケーションの中で異なる事実が出てくる（周囲はAと言っているけれど、その子はBと言っているなど）場面など、判断に役立つケースを知っているのと知らないのとでは、対応とその後の状況に大きな違いが出てくるものです。

　その子との良好な関係が構築できるだけではなく、よりよい成長をまっすぐに伸ばすためにも、教師自身が意欲的に理解を深め、さまざまなケースを積極的に学んでいくことが必須です。

CHAPTER.2

決め手はここ！
男女別言葉かけの
ポイント

2・3・4年生での男女の言葉かけの違いとは
どういったところなのでしょうか？
男女別に意識した言葉かけをすることで、
言葉かけの効果をより大きく
高めることができます。

2・3・4年生男子への言葉かけポイント

基本の"き"

　2・3・4年生の男子は、まだまだ自分の興味関心を最優先にして動いてしまいます。そこを逆手にとって、そうした彼らの興味関心をグイッと教師のほうへと向けさせてしまいましょう。

💚 スパッと言う

　まだまだワーキングメモリ（作業記憶）のはたらきが不十分な発達段階にある子どもたちです。特に男子はこの傾向が高いといえるでしょう。そんな子どもたちに対する言葉かけは、端的に、スパッと言うことです。あれもこれもではなく、1つに決めて、それを言い切るようにします。

　特に、教師の長い話を嫌うこの学年の男子たちです。やるべきことや指示の言葉は短くすることを日頃から意識しましょう。

💚 指示は細分化する

　「一事に一指示」が鉄則です。つまり、指示をするときには、1つのことだけにするのです。

　例えば、「給食の用意をします」という指示では、いくつもの指示が含まれてしまいます。それを、「給食の用意をします」「机を動かします」「ナプキンを机の上に広げます」「手を洗いに行きます」などというように、1つ1つを細分化して伝えるようにするのです。

✔️「一指示+確認+賞賛」をいつもセットで

　指示を細分化した後に、必要なことがあります。それは、確認と賞賛です。確認は、「確認です。ナプキンを出した人？」というように挙手させるだけでもいいでしょう。そして、できていたら必ず「よくできていたね」と賞賛します。

　このように、一事について、「一指示」+「確認」+「賞賛」をセットで行うようにするのです。特に男子は教師にほめられたい、ヒーローになりたい傾向が強くあります。こうしたことが日常となると「先生にほめられるぞ！」とどんどん気合いは高まっていくでしょう。

ここがPOINT

男子には…

① スパッと
② 細分化
③ 一指示＋確認＋賞賛

ADVICE!

「一事に一指示」は、生活場面だけではなく授業場面でも同様です。どんなときにも忘れず意識して、使いこなしていきましょう。

2・3・4年生女子への言葉かけポイント

基本の"き"

男子よりも早く発達が進むといわれるこの時期の女子。思考力も判断力も、どんどんお姉さんらしくなっていきます。教師の言葉かけに対しても敏感に反応し始めます。

✔️ 発達段階の早い子には落ち着いたトーンで

男子に伝えるように勢いよく短く話すのではなく、声のトーンを落とし、落ち着いた口調で言葉を伝えることが必須です。その理由は、発達段階が上がってくることによって論理的に物事を考えることができるからです。落ち着いた論理的な会話こそが、そうした子どもたちの力を引き出していきます。

こうした段階の女子には、何よりも「落ち着いた言葉かけ」がもっとも適しています。

✔️ おしゃべり好きな女子にはしっかり「相槌」

そうはいっても、女子のすべてがそういう段階にあるわけではありません。「先生、先生〜！」などと、まだまだ甘えて、教師とのおしゃべりを求めてくる子どもたちもいます。そうした声には、きちんと耳を傾けてあげてください。

教師も多忙なときがありますので、すべての会話に手を止めて耳を傾けることはできませんが、「へ〜！」「そうなの〜！」としっかりとした相槌を打つことは忘れないでください。

✔ ベストはそれぞれの子に合わせた対応を

　2・3・4年生の女子は、特に発達の差が顕著に出てくるものです。前述のようなポイントを念頭に置きながらも、1人1人の状況を見極め、その子の発達段階に合った対応を丁寧に行っていくことが欠かせません。その際、発達の早い女子ほどしっかり者になる傾向が強く、クラスでもお手伝いを頻繁にしてくれたり、クラス全体を引っ張ってくれたりする場面も多く見られてきますので、感謝の言葉を欠かさずに伝えていくようにしましょう。

ここがPOINT

ADVICE!

「論理的」「相槌」そして「感謝」の3つのキーワードをしっかりと頭に入れておきましょう。特に、「相槌」は授業中には必須の教育スキルです。

2・3・4年生男子のやる気を 一気に高める言葉かけ

　やんちゃでなかなか教師の言うことを聞かない男子には、そのエネルギーの強さを上手に引き出してあげる言葉かけで、その元気さをやる気へと高めていきましょう。

✔️「やる気」を超えて「その気」に

　この時期の男子への声かけのポイントは、「その気」にさせることです。「やる気」を超えて、目指すべき人物、ヒーローになり切っているかのように、「その気」にさせる言葉かけをしていきましょう。

　多くの男子を動かす原動力になっていることの１つに、「憧れ」があります。その憧れを用いて、個々の力を最大限に引き出すと、目標に向かう意欲、エネルギーがまっすぐに伸びていきます。

✔️「その気」にはモデリングを活用

　では、具体的に、どのようにして「その気」にさせるといいのでしょうか。心理学では「モデリング」といいますが、日頃、子どもたちが憧れている人物になり切らせるような言葉かけをするのです。

　例えば、「リーダーみたいだね」と言うのではなく、「もう〇年〇組のリーダーです」と言葉かけします。そう言われると、「自分はリーダーだ！」と、その気になって行動することでしょう。その他には、「掃除大臣」「漢字博士」など、いろいろなバリエーションが考えられます。

✅ 子どもの大好きなキャラクターをフル活用

　そのときに子どもたちが夢中になっている流行りのアニメや映画などのキャラクターを用いるのも非常に有効です。正義感の強い男子には「〇年〇組の〇〇レンジャーに任命します」と声をかけてあげたり、優しい男子には「〇年〇組の癒しキャラ〇〇ですね」などと言ってあげるといいでしょう。伝えたいことを表すキャラクターに重ねて言葉かけをすることで、子どもたちは「その気」になって行動します。

ここがPOINT

ADVICE!

普段から意識して子どもたちが憧れているキャラクターをストックしておくといいでしょう。学級づくりや授業の中でも活用することができます。

2・3・4年生女子のやる気を
一気に高める言葉かけ

少しずつ論理性や落ち着いた雰囲気をもち始めていくこの時期の女子のやる気に火をつける言葉かけは、「お願い」がキーポイントになってきます。

「先生のお願い」でやる気を引き出す

基本的に、女子は教師のお手伝いをよくしてくれる傾向があります。この時期の女子は、例えば、「〇〇をお願いしてもいいかなあ」「〇〇をしてもらえるとすごく助かるんだけど……」などのように、「先生からのお願い」として仕事を依頼すると、とても頼りになるものです。あまり積極性がない子でも、教師からお願いされることで、その子のやる気のスイッチがパッと入ることも少なくありません。

そうした特徴を活かして、「先生からのお願い」としての言葉かけをしていきましょう。

「お願い」のレベルを上げていく

「先生からのお願い」は、例えば、「ノートをみんなに配ってくれる？」という簡単なことから、少しずつレベルを上げていくことが成長の秘訣です。「職員室から〇〇をもらってきてくれますか？」「先生が教室に入るまでに、読書をするようにみんなに伝えてくれるかな？」などのようにです。

こうしたお願いをするにも、日頃からの見極めが必須です。「この子ならできるお願い」で達成感をもたせていきましょう。

✅ お願いを通して自治的な風土をつくっていく

　日常的にこうした「お願い」をコツコツ行っていくと、自ずとクラス全体に自治的な風土が育っていきます。学年により少しずつ差はありますが、この時期の子どもたちは、まだまだ「自分たちだけで学習を進める」というような経験は少ないでしょう。そこで、「先生からのお願い」でやる気満々となった女子を中心に据えて、そうした雰囲気を生み出し、少しずつ自治的な学級風土をつくっていくのです。

　こうした風土は、いきなりでき上がるものではありません。日頃の言葉かけを通じて少しずつ育てていきましょう。

ここがPOINT

ADVICE!

自治力が上がってきたら、「先生が遅れるので、いつものように漢字学習を進めておいて」などと、ときには子どもの自主性を高めるお願いも意図的にしてみましょう。

手に負えないやんちゃ男子を
味方につける言葉かけ

ギャングエイジともいわれる時期にある「やんちゃ男子」は、相当なパワーをもっています。こうしたパワーある男子は、クラスの雰囲気をつくり出すキーマンにもなってくれます。

✔ ポジティブな空気をつくり出すキーマン

「子どもたちはムード（空気）に従う」ともいわれるように、子どもたちは決められたルールよりも、その場に漂う空気感を瞬時に察知して従う傾向があります。例えば、「読書中は静かにする」というルールがあっても、クラスの雰囲気が乱れていれば、多くの子どもが静かに読書などしないでしょう。その空気をつくっているキーマンが「やんちゃ男子」です。

乱れを落ち着かせるためにも、やんちゃ男子にどのような言葉かけをするかはとても重要です。

✔ 「先生とだけのヒミツ」をつくる

では、やんちゃ男子には、どのような言葉かけをすればいいのでしょうか。そのポイントとなるのは、「先生とだけのヒミツをつくる」ことです。例えば、「じつは、先生、○○くんのこんなところがすごいと思っているんだ」「○○くんにこんなことをがんばってほしいと思っているんだ」と個別に言葉かけを行い、最後に「このことは先生と○○くんだけのヒミツだよ」と伝えるのです。

この「ヒミツ」という言葉が、大きなカギを握ります。

☑ ヒミツをつくった後の言葉かけが左右する

　もちろん、「ヒミツ」をつくるだけでは十分とはいえません。その後の言葉かけこそが重要なのです。ただし、あくまでも「ヒミツ」なので、必ず小さな声で伝えるようにします。「さすが、今日も〇〇をがんばっているね」「〇〇くんだからこそ、ここまでできるんだね」などと、最初の「ヒミツ」からの言葉かけを積み上げていきます。

　そうして、「先生は、いつも僕のことを見てくれているんだ」と感じさせ、信頼関係を築いていきましょう。

ここがPOINT

「先生とのヒミツ」が成長を引き出す

これは、先生とだけのヒミツだよ……

うん、分かったー

ADVICE!

「ヒミツ」は、もしも他の子にばれてしまっても、「先生と〇〇くんだけのヒミツだったのに〜」と笑えるものであることが必須条件です。

手に負えないやんちゃ女子を
味方につける言葉かけ

　「やんちゃ」といえば男子のイメージが強いかもしれませんが、もちろん女子にも「やんちゃ」は存在します。このようなやんちゃ女子への言葉かけは、「時間」がキーポイントになります。

✔ 時間をかけて対応する

　やんちゃ男子とやんちゃ女子の違いとは、何でしょうか。それは、「いきなり成果が出るわけではない」ということです。やんちゃ男子は、すぐに心を動かし、教師のことが大好きになるという傾向がありますが、やんちゃ女子はそうではないのです。

　周りの子どもたちの反応を気にして、すぐには自分を変えようとしないのが特徴です。そのため、よい成果が出るまでには時間がかかるものだと念頭に置いておきましょう。

✔ 初期段階は焦らない

　やんちゃ女子は、はじめ、教師との距離をとろうとします。恥ずかしさからそうするということもありますが、一番の要因は、「先生は自分のことを受け入れてくれるのだろうか？」という不安によるものがほとんどです。まずは、教師の側から適度な距離感で話しかけていくようにしましょう。

　それでも、しばらくは素っ気ない反応を示すかもしれません。それは、教師が本当に自分のことを理解してくれているのかを試しているのです。

✔️ 少しずつ関係をつくっていく

　やんちゃ女子が素っ気ない態度やマイナスな反応を繰り返しても、根気よく何気ないコミュニケーションを続けていきましょう。その際、「おっ、この消しゴムかわいいね」「○色が好きなんだね」というように、さりげなく相手の特徴や好みをほめるようにします。そうして少しずつ緊張をほぐしていくのです。そして、もう大丈夫と思った時期から、一番簡単な「先生からのお願い」をしてみましょう。

　この「お願い」を受け入れてくれたら、もう安心です。

ここがPOINT

ADVICE!

やんちゃ女子への言葉かけは、魔法のようなものではなく、地道な言葉かけによって花を咲かせます。決してあきらめず、粘り強く取り組みましょう。

当番活動場面における
男女別言葉かけのポイント

　給食、掃除など、クラスでは毎日さまざまな当番活動が行われます。この活動がきちんとできているかどうかで、学級経営の成否が左右されるといっても過言ではありません。

♥ 男子がやる気の火をつける

　この学年の男子たちは、掃除などの当番活動に対して積極的に取り組む子どもが多いのが特徴です。「すみずみまで掃除しよう！」「掃除の時間を短くできるようにしてみよう！」などといった教師の言葉かけに対して、「やりたい！」「できるぞ！」と小気味よく反応するのは、まずは男子たちなのです。活動のレベルを上げたいと思ったり、取り組む意識を高めたいと思ったりしたときには、最初に男子のやる気のスイッチを入れていくことを意識していきましょう。

♥ 女子の継続力でクラス全体のレベルを上げる

　活動レベルを上げたり、取り組む意識を高めたりするためには、男子のやる気を引き上げていくだけではクラス全体へと定着させていくことはできません。そこには、女子の協力が欠かせないのです。男子が火付け役だとすると、女子はそれを習慣や文化にしていく力があるのです。女子は、エネルギッシュに取り組んでいる男子を見て、それを真似したり、さらに上回ろうと一生懸命になりながら、その取り組みを継続して行うことができるのが特徴です。

　継続力では、女子に軍配が上がるといっても過言ではありません。

✔ 男女の組み合わせを意識する

　このように男子のよさと女子のよさがかけ合わさることで、クラス全体のまとまりやさまざまな活動のレベルが高まっていきます。そのためにも、学級当番、給食当番、掃除当番など、すべての当番活動において、この男女のバランスを念頭に置き、きちんと組み込んでいくようにしましょう。

　男女のペアやグループを組ませていくことで、確実によりよい活動へとつなげていくことができます。それぞれの持ち味や特徴を教師が理解した上で、意欲をかき立てる言葉かけを常に意識していきます。

ここがPOINT

ADVICE!

男女での活動の際は、意図的に教師が男女で活動するよさを価値付けるメッセージを伝えましょう。子どもたちも男女仲よくするよさを素直に感じることができます。

授業場面における
男女別言葉かけのポイント

　授業場面では、男女の特徴をうまく活用することで、よりよい成長・成果を生み出すことができます。学校生活場面とは異なる言葉かけで、子どもたちの学習意欲を高めていきましょう。

✔ 男子はおもしろい意見、女子は真っ当な意見

　2・3・4年生くらいの子どもたちは、高学年に比べると、基本的には男女とも、無邪気に積極的に手を挙げる傾向があります。もちろん、なかには恥ずかしがったり、自信がなかったりして積極的ではない子もいますが、4年生くらいまでは、男女差もあまりないといえるでしょう。ただし、意見の内容に目を向けてみると、すでに男女の違いを見て取ることができます。男子からは、ユニークで「おもしろい！」と思えるような意見が多く出され、女子からは、正確さや真っ当と思える意見が多く出てくるものです。

✔ 意図的な指名でよさを活かす

　男女それぞれの意見をうまく活かすには、意図的な指名が欠かせません。学習内容の流れや方向付け、確認などには女子の意見を活用し、話し合いを広げたり、考えを深めさせたりする場面では男子の意見を活用するといいでしょう。もちろん男女差だけではなく、1人1人の個性や持ち味を教師が理解していることが前提です。

　このようにして、男女差によるそれぞれの意見のよさも組み合わせることで、子どもたちの話し合いや意見交流のレベルを効果的に引き上げることができます。

男女別言葉かけの効果をクラス全体へと活かす

　こういった特徴のある男女別の意見を、クラス全員の学習意欲にはたらきかけていきましょう。

　ユニークでおもしろい男子の意見には、教師も少し大げさに反応して、「すごくおもしろいね！」「先生、考えつかなかったよ！」などと意見を価値付けるような言葉かけをしていきます。一方、正確で、無駄のない、至極真っ当な女子の意見に対しては、感心したり、力強く頷きながら、「すごいね！」「その通り！」などとクラス全体にも確認を促す言葉かけが有効です。そうして、自信をもたせていきます。

ここがPOINT

ADVICE！

　学年が１つずつ上がるごとに、だんだんと意見を発言しなくなる傾向が、女子を中心に見られます。そんなときこそ、男子の言動を活用して活気づけていきます。

学力差の解消法や指導の工夫

　学習内容が大きく増加してくる2年生（新出漢字の量やかけ算九九との出会いなど）や「10歳の壁」といわれる時期に入る4年生は、特に学力差が顕著になってきます。そうした時期にある子どもたちには、どのような指導をしていけばいいのでしょうか。

　私自身がこれまでに担任してきた子どもたちの様子から学力差が顕著にみられたのが、「国語科における漢字学習」と「算数科における計算」です。この2つは、子どもたちにとっても保護者にとっても、非常に関心が高いものでもありました。私は、この経験から、「この2項目は自信をもって取り組めるようになってほしい」と指導法を工夫しています。

　例えば、漢字の学習については、大きく2つのことに取り組むようにしています。1つは、「指書き→なぞり書き→写し書き→空書き」というステップで新出漢字を習得するというシステムです。また、「新出漢字→熟語練習→テスト練習→テスト」という学習の流れを1年間続ける取り組みも行います。さらには、「漢字を細分化して組み合わせて覚える」ことも行います。「葉」という漢字であれば、「くさかんむり」「世界の"世"」「木」といった具合です。この覚え方を授業中に取り組むようにするのです。すると、1学期のスタート時には10〜20点しか正答できなかった子どもも、だんだんと80点、90点となり、ついには100点を取ることができるようにまでなっていきます。その子たちの喜ぶ顔とその後の自信をもった姿は、とても印象的なものとなりました。

　また、算数科の計算では、とにかく「丁寧に書く」と「写す」という指導を続けてきました。具体的には、「マス目を活用して書く」「定規を使って書く」「行空きをたくさん使う」などをしていくと、なかなかきれいな文字を書くことができない子でも、読みやすい文字ですっきりと理解しやすいノートにまとめることができます。そして、答えだけではなく、途中の式まで正確に書かれた友だちのノートを写すことなども続けさせます。そうしていくうちに、「算数ってこうして解けばいいんだ」と腑に落ちる瞬間が訪れるのです。そのときがくるまで、これらの指導を粘り強く続けます。

　もっとも大切なことは、教師がその子の状況や困難を見極めて取り組み方を工夫し、できるようになるまで根気よく励まし続けることです。

CHAPTER.3

クラスがまとまり活気づく！
学級活動場面での
言葉かけ

当番活動をはじめとした学級活動は、
毎日のよりよい学校生活には欠かせないものです。
それぞれが取り組む活動の中で、
大きく飛躍させるカギが、
言葉かけなのです。

押さえどころは
「意味」「理由」の分かりやすい説明

　ギャングエイジといわれる時期の子どもたちへの学級活動場面における指導ポイントは、思考に働きかけながら「意味」「理由」の説明をわかりやすく行うことです。

「意味」「理由」の説明は論理的な思考力を鍛える

　一般的に、この学年の子どもたちは、まだ教師の言うことに対して、素直に聞く耳をもっているといわれます。だからこそ、その説明の意味や理由を伝える必要などないと思われる人もいるかもしれません。
　しかし、論理的な思考力は低学年のうちからきちんと鍛えていかなくてはいけません。そこで、「意味」「理由」を大いに活用するのです。「掃除をしましょう」だけではなく、「教室をきれいにするために、掃除をしましょう」と言葉かけをします。

「意味」「理由」が論理的思考力を高める理由

　ところで、「意味」「理由」を説明することがどうして論理的な思考力を鍛えることになるのでしょうか。それは、子どもたちの頭の中に「どうして？」が生まれるからです。
　「なぜ、○○なの？」「どうして、○○をするの？」という問いに、どれだけ多くの機会に触れることができるかが、論理的な思考力を鍛える分かれ道となります。ときには、「どうして静かに食べたほうがいいのでしょう？」と、教師からも積極的に問いを投げかけていきましょう。

✅ 日常生活の中で「意味」「理由」を鍛えるからこそ

　論理的な思考力を鍛えることは、この年代の子どもたち特有の落ち着きのなさを抑えるのにも有効です。落ち着きがないと見えるのは、「思考が止まってしまっている」からともいえます。つまりは、「何も考えていない」状態にあるということです。

　こうした状態に対して、いくら注意をしたところで効果は得られません。注意ではなく、日頃の学校生活で、習慣的に「意味」や「理由」による言葉かけをすることで防いでいくのです。

ここがPOINT

ADVICE!

「どんな考えで、○○に取り組みたいですか？」と問いかけることも非常に有効です。子どもたちを、目標に対して前向きにしてくれます。

1日のやる気を引き出す

朝の会の言葉かけ

　1日のスタートとなる朝の会での言葉かけは、とても大切です。登校日数は年間200日を超えますが、その200回を超える朝の時間でどのような言葉をかけるかは、1年間の成長に大きな影響をあたえます。

言葉かけ例

今日、一番楽しみなことは何ですか？

NG

「もちろん○○だよね！」などと教師が勝手に決めつけたり、答えを示したりすることは厳禁です。じっと待って、子どもたちの主体性を重んじます。

✔ がんばりたいこと < 楽しみなこと

　この学年の子どもたちには、「がんばりたいこと」よりも「楽しみなこと」に焦点を当てさせます。先を見通せず、目の前のことばかりに気をとられるなど、まだまだ感覚優先で毎日を過ごしていることがほとんどです。そのことを教師も忘れずに、楽しいことをたくさん意識させるように言葉をかけ、「今日も学校が楽しみだ！」と思わせるように導きます。

✔ 朝の会でも論理的な思考力を鍛える

　時間があるときには、さらに子どもたちに「どうして楽しみかというと……」というように、その「意味」や「理由」を語らせるようにします。語らせることで、論理的な思考力を鍛える場面もつくり出すことができるのです。

　その際、ペアトークを組み合わせるのも有効な一手です。時間が限られていても、クラス全員がしっかり語ることができます。朝から前向きな話を、クラス全員が展開できるように仕掛けられます。

✔ 全体やグループで価値観を共有

　クラス全体の前や班の中で語らせることも有効です。そうすることによって、子どもたち同士で、「それぞれの価値観を共有」することができるようになります。「○○さんはこんなことが楽しみなんだな」「○○くんはそこに注目しているんだ」というように、相手をより深く知ることにつなげていくことができるのです。

FOLLOW UP!

うまく話せない子がいたら、「友だちの話を聞くだけでもいいよ」とやさしくアドバイスしてあげましょう。まずは安心感をあたえるようにします。

連絡事項から自主的な活動に
つなげる言葉かけ

　毎日、あらゆる場面で行う子どもたちへの連絡事項。その連絡事項の伝え方も、教師のちょっとした工夫の仕方で、自主的な活動につなげていくことができます。

言葉かけ例

自分たちで準備することは、
いくつありますか？

NG

いきなり100点の回答を求めてはいけません。できていないときにも、「朝、みんなはどんなことに気が付いたかな？」と思い出させます。

✔️ 自分たちのことは自分たちで完了させる

　4年生までに、「自分たちのことは、自分たちで済ませていく」という習慣が身につくように指導していきたいものです。例えば「体育科の授業が始まる前に着替えを自分から用意する」「図工科の授業前には作成中の作品を休み時間に机に置いておく」などといったことです。

　こうしたことに、子どもたち自身が自主的に動けるかどうかが、学級づくりのバローメーターにもなっていきます。

✔️ 10月までに自分たちで気が付けるように

　こうしたことを、教師が無意識に言ってしまう場面は多々あることでしょう。つまり、体育科の授業前に「今から着替えましょう」と指示を出したり、図工科の授業前に「作品を出しておきましょう」などというようにです。もちろん4月の学級開き直後は、教師から指示していくことも必要ですが、1年を通して同じように行っていては成長はありません。10月頃までに子どもたちが自分で気付けるレベルを目指して、教師が言葉のかけ方に変化を加えていきます。

✔️ 朝の会で気付かせる

　自主的な活動につなげていくためには、「朝の時点で気付かせ、その授業の前には朝に言っていたことを実施できるかどうかを確認する」ということが大切です。やるべきことを気付かせるために、朝の会で「いくつありますか？」と問い、「3つある！」と答えたら、すかさず「それはどんなことですか？」と具体化していきます。

FOLLOW UP!

まずは「気付いている子」をほめるようにしていきましょう。その子を起点に波紋が広がるように、だんだんとクラス全体へと拡散していきます。

話し合いが盛り上がる

クラス会議での言葉かけ

2・3・4年生の子どもたちは、元気に素直に自分の思いを表現できることが大きな強みでもあります。この強みを、教師の言葉かけで、話し合い活動で伸び伸びと発揮させてあげましょう。

言葉かけ例

📣 **〇年〇組の好きなところを教えてください！**

NG うまく言えない子には、言えている子の真似をさせるところから始めさせます。真似して言うことを、教師が否定してはいけません。

✔️ クラス会議の前にはポジティブな交流を

　学級活動で「学級会」としてクラス会議をすることが度々あります。クラス会議では、自分たちの問題点や改善点を話し合いますが、そうした話をする前の雰囲気づくりとして、教師からの「ポジティブなことを伝え合おう」という言葉かけが効果的です。クラス会議を実施する前には、雰囲気づくりを大切にするようにしましょう。

✔️ 「○年○組大好き！」をつくり出す

　ポジティブな雰囲気をつくるためには、どのようなことを伝え合わせればいいのでしょうか。それは、「自分たちのクラスのよいところ」です。

　この交流によって、子どもたちがそれぞれに、「自分たちのクラスが大好き！」という意識を抱くことができ、その意識が全員に広がって、どんな難問も前向きに乗り越えることができます。

✔️ 「好き」を伝え合える発達段階を活かす

　「好きなところ」という言葉に対して抵抗なく発言できるのが、この時期の子どもたちの強みでもあります。高学年になると、こうしたことを伝え合うことは難しくなってしまいます（高学年の場合は、「よいところ」という言葉を使うようにします）。

　存分に「好きなところ」を伝え合わせることで、よりよいクラスの雰囲気をつくり上げ、話し合いを活発化させていきましょう。

FOLLOW UP！

ポジティブな交流を日常化していくために、「今日見つけたクラスの『好き』を教えてください」などと、帰りの会に習慣化させてもいいでしょう。

助け合いが
次々と生まれる言葉かけ

　「助け合い」の指導も、早い段階にしていく必要があります。自意識が高まってくるこの時期には、どんな言葉かけをすれば子どもたちの助け合いを効果的に生み出すことができるでしょうか。

言葉かけ例

助け合いのバトンをつなごう！

NG 助け合いが生まれなかったとしても、否定してはいけません。「どうして助け合わないの⁉」といった言葉かけは、もっとも本末転倒な指導です。

✅ 助け合うとは何かを共有すること

　人は誰しも他者に助けられながら生きているのはいうまでもありません。それは、クラスという1つの社会においても変わりのないことです。そのこと自体に気付きを起こさせるためにも、まずは子どもたちに「これまでに、どんなことを助けたり助けられたりしてきましたか？」と問いかけてみましょう。「休んだときに手紙をもらった」「分からないところを教えてもらった」「ケガをしたときに『大丈夫？』と心配してもらった」など、次々と活発に答えが出てくることでしょう。

✅ 助け合いを誰かに届けよう

　次に、子どもたちには「助けてもらったときの『思いやりの心』はもらってばかりでいいのかな？」と問いかけます。子どもたちは、「それではいけない」「やさしくしてもらったぶん、誰かにやさしくしたい」と言うことでしょう。すかさず、教師が、「もし、誰かに思いやりをもらったら、誰か別の人に思いやりの心を届けるようにしようよ！」と投げかけるのです。

✅ 助け合いのバトンをつなごう

　そして、「○年○組の助け合いのバトンをつなごう！」と力強く呼びかけます。また、「どこまでバトンがつながるかな？」と問いかけ、「今日、誰かに思いやりを届けましたか？」「もらった思いやりを、誰に届けましたか？」などとリレー形式で聞いてみるのも効果的です。助け合いで、クラスがつながっていることを実感させることができます。

FOLLOW UP!

助け合いのバトンを「つなげていない」ではなく、「つなげることができた」に注目させるようにしましょう。そして、つないだことをどんどんほめていくようにします。

積極的に仕事に取り組む
当番活動の言葉かけ

　毎日の当番活動を意欲的に取り組ませるためには、どんな言葉かけが有効なのでしょうか。子どもたちが自分の仕事であるとしっかり意識して、意欲を高めながら毎日継続させられる言葉かけを紹介します。

言葉かけ例

○○さん、
いつも○○をありがとう！

NG　「かたちだけ」であったり「強要」を感じさせる感謝の言葉では絶対にいけません。心がこもっていない言葉を子どもは敏感に察知します。

✅ 子どもがやって当たり前ではない

　ノートを配付する、窓を開け閉めする、電気をつけたり消したりする、黒板を消す……。クラスの中にはさまざまな当番活動があります。こうした当番活動について、「教師ではやりきれないことを、子どもたちにお願いしている」ととらえることが大切です。くれぐれも、「子どもがやって当たり前」ではないことを忘れないようにしましょう。

✅ 感謝はオキシトシンを分泌させる

　「教師ではやりきれないことを、子どもたちにお願いしている」ととらえると、自然に感謝の言葉が次々と出てきます。子どもたちが当番活動をするたびに、「ありがとう」という感謝の言葉をかけ続けていると、「オキシトシン」という脳内ホルモンが分泌し、子どもはもちろん、教師自身もやる気が高まったり、マイナス感情がなくなっていくといわれます。

　教師が率先して、クラス中に「ありがとう」をあふれさせましょう。

✅ 子どもたち同士でも「ありがとう」を

　さらには、「みんなで生活しているから、クラスの仕事を全員で当番活動として分担している」ことを伝え、「クラスみんなのためのよりよい環境をつくるための当番活動には、いつも『ありがとう』を伝え合おうよ！」と呼びかけます。教師がこのことを明確に伝えれば、子どもたちは「仕事はやって当たり前」と思うものです。

　丁寧に指導することで、当番活動の理解が深まります。

FOLLOW UP!

「ありがとう」を伝えるときには、名前を言い合うことも伝えましょう。名前×感謝で、さらなる相乗効果が得られます。

楽しみながらマナーも身につく
給食の言葉かけ

お箸の持ち方が正しくない、食べる順序が考えられていない、お椀が持てない……。この学年の子どもたちには、給食時も指導することがたくさんあります。

言葉かけ例

給食マナー検定、合格できるかな？

NG できていないことを、そのまま「できていないよ！」と言ったところで、マナーが改善されるわけではありません。「なぜ、できていないのか」を考えましょう。

✔️ 知らないことはきちんと教える

　子どもたちが給食マナーを身につけられない一番の要因は、「そもそもよいマナーを知らない」ことです。当然ですが、知らないことはできるはずもありません。まずは、教師が分かりやすく教えてあげなくてはいけないのです。箸の持ち方、逆手（右利きの子は左手）の使い方、食べるときの姿勢、食べる順序など。そうした１つ１つを、まずは丁寧に指導していきましょう。

✔️ 教えた後の工夫を考える

　教えれば、すぐにできるというものではありません。教えた後には、「思考の持続」「習熟」などが必要です。そこで、「マナー検定」を取り入れてみましょう。具体的には、教師から項目を提示し、「あなたはいくつできますか？」「これができれば給食マナー名人！」などと言葉をかけていくようにします。
　子どもたちは、「目指すべきこと」「やるべきこと」が決まれば、そこに向かって一生懸命になることができます。

✔️ 給食マナー検定５項目

　検定の項目は、「箸を正しく持つことができているか」「逆手をきちんと使えているか」「食べる順序を考えられているか」「音を出さずに食べているか」「自分が食べられる量に調節できているか」の５つを設けるといいでしょう。その後、子どもたちの成長や教師の願いなどから、さらに追加したり、入れ替えたりもしていくように工夫します。

FOLLOW UP!

検定がうまくいかない子どもたちには、個別対応も必要です。教師の近くで食べさせるなどして、食べる様子を見てあげるようにします。

自分の仕事に責任をもたせる

係活動の言葉かけ

　子どもが自主的に進めていく係活動。活動開始直後は、子どもたちも喜んで取り組みますが、教師が放任してしまえば、気が付いたら何も活動していない、などということもあります。

言葉かけ例

このままじゃ、つぶれてしまうね！

NG 　否定的な言葉を子どもたちに届けるときには、言い方をはじめとして、十分な配慮が必要です。決して嫌味になってはいけません。

係活動と当番活動の違い

　まずは、係活動と当番活動の違いを明確にしておきましょう。当番活動とは、「なくてはならないもの」です。窓を開けなかったり、電気をつけなかったりすると、クラス全体に支障をきたします。つまり、「やらなくてはいけないものが当番活動」なのです。

　一方、係活動は、「なくても困らないが、あればクラスのみんなを喜ばせたり、楽しませたりしてくれるもの」です。

係活動はつぶれてもいいもの

　係活動は、「つぶれてしまっても構わない」ものであるということを認識しておきましょう。そのことを前提に、子どもたちに言葉かけをしていきます。例えば、「今の係活動でがんばっていることを教えてください」と係のリーダーに問いかけます。そこで、「最近やってません……」と子どもが答えたら、すかさず「じゃあ、○○係はこのままじゃ、つぶれてしまうね」と伝えるのです。このときの子どもの困った状況を、引き上げてあげるのです。

具体的な数字で子どもを動かす

　「活動の仕方」を教える必要もあります。「週に１度は集まって話をすること」「１か月に１度はポスターを作ること」など、具体的な数字を入れて活動の仕方を伝えていきます。そうすると、その数字を基準に活動することができるようになります。係活動が盛り上がると、クラスに活気が生まれ、クラスの雰囲気は一気に楽しくなっていきます。

FOLLOW UP!

係のリーダーだけを集めて「リーダー会議」をするのも効果的です。リーダー会議で、各活動の報告やアドバイスをし合うと、競争心に火がつきます。

ふざけずに真面目に取り組む

掃除の言葉かけ

掃除の時間は、子どもたちがあちこちに散らばって教師の目が行き届きにくくなるものです。すると、どうしてもふざけたりする子が出てきます。言葉かけの工夫で子どもを掃除の達人に変身させましょう。

言葉かけ例

ゴミの山はどれだけ高くなったかな？

NG まずは「掃除の仕方」を指導してあることが前提の言葉かけです。掃除のやり方をきちんと教えずに指導をしても、何の効果もありません。

✔️ 掃除の達人１：ごみの山を高くする

　子どもたちが掃除に集中できない要因の１つに、「目的がない」ということが挙げられます。掃除は大掃除でもない限り、その都度どれくらいきれいになったのかが見えず、達成感が得られないのです。

　そこで効果的なのが、「ゴミの山はどれだけ高くなったかな？」という言葉かけです。子どもたちは「できるだけ高く山をつくるぞ！」と必死になることでしょう。成果が目で見えるからです。

✔️ 掃除の達人２：ぞうきんを真っ黒に

　ぞうきんがけを担当している子どもたちには、「どれくらいぞうきんが汚れたかな？」と言葉をかけるようにします。すると、子どもたちは、ぞうきんを汚そうと競い合うようにしてあちこちを拭いてまわります。これも、がんばりが可視化されることによって得られる効果です。さらには、汚れたぞうきんが自分の努力の証と認識され、愛着をもつようにさえなるのです。

✔️ 今日の掃除への宣言と自己採点

　掃除が終わったら、CHAPTER１－10で紹介した「今日の掃除の点数は？」と自己採点させるといいでしょう。４点満点で自己採点させて、「がんばれたことは？」などと問いかけることを習慣にします。

　掃除の前に、「今日の掃除でがんばりたいことは？」と問いかけ、ペアで作戦を立てさせてから掃除を始めていく方法も有効です。

FOLLOW UP！

「掃除で４点満点を付けた子」には、「明日、５点にするにはどうすればいいかな？」と投げかけてみましょう。どんどん掃除がうまくなります。

1日の終わりを明日へとつなげる

帰りの会の言葉かけ

　子どもたちをどのような状態で自宅へ帰すかという取り組みは、教師にとって非常に重要なことです。子どもたち1人1人に、「今日も学校が楽しかった」と実感させて明日を迎えましょう。

言葉かけ例

今日学校であったプチハッピーは？

友だちと遊んだ！

給食おいしかった！

勉強分かった！

NG　ささいな事柄でも決して軽く扱ってはいけません。「どんな意見でもいいんだよ！」とクラス全体に伝え、1つ1つを丁寧に取り上げます。

✅ よいことへ意識を向けさせる習慣を

　日々の生活の中では、たくさんの出来事が起こっていますが、人が意識して記憶できることはそのほんのわずかです。同じ１日を過ごしても、「今日は嫌な日だった」と言う子もいれば、「今日も楽しかった」と言う子もいます。これは、たくさんある事実の中から何を取り出すかによる意識の違いなのです。まずは、そのことを教師自身がしっかりと念頭に置いておきましょう。

✅ 学校に来てから今までのプチハッピーを共有

　帰りの会で、「今日、学校に来てから今までにあったプチハッピーは？」と問いかけ、交流させる習慣をクラスの中につくるようにします。時間があれば、日直など輪番制で発表させるなどしてもいいでしょう。ここでのポイントは、「プチ」ということです。プチという言葉を付けて、子どもたちの発言のハードルをできる限り下げてあげるのです。

✅ 学習内容や行事に合わせて言葉を変える工夫を

　季節や学習内容、行事など、子どもたちが取り組んでいるものによって、「楽しかったこと」「できるようになったこと」「がんばれたこと」などの言葉に変えるのもおすすめです。特に、運動会や発表会の時期などには、「できるようになったこと」「がんばれたこと」を聞くようにします。こうした取り組みで、自宅に帰る前に子ども自身に成長を気付かせ、家庭でも話せるように仕掛けるのです。

FOLLOW UP!

なかなか発言できない子は、友だちに意見を聞くことからスタートさせます。だんだんと何を言えばいいかが分かり、自発的な発言につながります。

自立心とともに芽生える「劣等感」

　2年生以上になると、子どももだんだんと周りが見えるようになってくるものです。これまでは自分のことしか（自分のことすら!?）見えておらず、ともすれば「この問題ができているのは自分だけ！」と自信満々に思っていても、ある日を境に、「この子もできているんだ」「あの子はもっとできるんだ」「自分は苦労したのに、すらすらと解ける子がいるんだ」などと、友だちの状況に意識が向き始め、自信をなくしてしまう子が少なくありません。そうして、少しずつ「劣等感」を抱く子どもが出てくるのです。

　では、劣等感をもつ子には、どのような指導をすればいいのでしょうか。

　まずは、劣等感を抱くということは、「成長の証」であるという理解をしてください。ここで、教師が「この子は……」と思ってしまえば、伸びる子も伸びなくなってしまいます。劣等感をもつことは、大きな成長の一歩であるととらえましょう。

　そして、大切なことは「何度も教えてあげる」「何度もトライさせてあげる」ということです。私自身、自治的なクラスを目指して何度も指導に取り組み続けていますが、自治的なクラスをつくっていくためのポイントは、「自治的な行動を何度も教え込む」ことなのです。子どもたちは、育てたように育つものなのです。教師や保護者の教育観は、間違いなく子どもに影響を及ぼします。

　劣等感を抱くようになった子には、「自分のペースでいいんだよ」「すごいなと思う子のことは、素直にすごいなって思えばいいんだよ」「自分もすごい、自分だってできると思ってがんばるんだよ」といった言葉を繰り返しかけながら指導をします。すると、子ども自身も「そうなのかな……」と思うようになり、それがいつの日か「そうだよな！」と劣等感を乗り越えて、自分のことに集中して前進することができるようになるのです。

　劣等感を乗り越えた子どもは、劣等感に出会っていない子よりも強くなります。ぜひ、劣等感をもったことを指導のチャンスととらえ、教師が常にポジティブなスタンスをとりながら粘り強い指導を心がけてください。

　教師の力強い言葉かけで、必ず子どもたちは成長していきます。

CHAPTER.4

落ち着きや成長をどんどん引き出す！

生活指導場面での
言葉かけ

....

生活指導の場面において、どのような言葉かけを
するかで、子どもたちの教師への信頼が
大きく変わってきます。
ここでは、具体的な生活指導場面における
言葉かけについて考えていきましょう。

押さえどころは
「できる！」を認める

　無邪気な子どもたちも、案外「できない……」と不安に思っている
ものです。そんな子どもたちを後押しするのは、「できる！」を認め
てあげること。ここでは、その認めるコツを押さえていきましょう。

♥「変さ値」を高めよう！！

　誰もが、何かしらの「できる！」をもっています。運動が得意、絵
が上手、友だちにやさしい、虫なら誰にも負けないくらい詳しい
……。つまり、そうした「変」な部分を持ち合わせているのです。そ
れを「変さ値」と呼びます。偏差値は学力を示しますが、「変さ値」は
個性を表します。子どもたちの「できる！」を見つけていくには、ま
ずは1人1人を認め合える「安全・安心」な学級があってこそ。

　個性を存分に発揮できる学級をつくるのです。

♥一筆箋で「できる！」を見つける

　「できる！」を見つけるには、教師の「眼」が重要です。子どもたち
全員の好きなことや得意なこと、がんばっていることをつかめている
状態が理想であることはいうまでもありません。

　では、どうすれば、教師が子どもの「できる！」をつかむことがで
きるのでしょうか。私は一筆箋を書くことを通して「できる！」を見
つけています。「一筆箋に書く」というゴールを設定すると、見よう
とする意識が上がるのです。

✔ ときには教師が壁になる

　ただし、子どもがもともとできることばかりを認めているだけでは
いけません。ときには教師が仕組んで、「できる！」になるような壁
をつくってやることも大切です。「水に顔がつけられない」「逆上がり
ができない」「漢字が覚えられない」など、その子にとっての「できる！」
に向けた課題があるはずです。教師は、子どもの課題を一緒に乗り越
えていく存在であることも忘れないでおきましょう。

ここがPOINT

変さ値を高める!!

ADVICE!

「1か月で（一筆箋を）全員書く！」など目標をもちましょ
う。名簿に丸を付けていくことで、取り組みへのやる気
を持続させることができます。

進んで挨拶が
できるようになる言葉かけ

　学年が低いうちにしっかりと教え込みたい「挨拶」の指導。子どもたちから進んで挨拶ができるようになるには、まずは教師がどんな言葉かけをすればいいのでしょうか。

言葉かけ例

挨拶を先に言えるかな？

先に 挨拶をすると気持ちがいい！

先生より
先に言えた！

おはよう
ございますっ！

おはよう！

NG　「先に挨拶」をゲーム感覚で行うときは、1か月必ず期間を設けてください。1年中、だらだらと長くやっていてはいけません。

✅「先に挨拶」にしぼって指導

　挨拶といっても、気持ちのいい挨拶とそうでない挨拶があるものです。では、気持ちのいい挨拶の第一歩とは、何でしょう。

　それは、「先に挨拶をする」ということです。誰しも、先に挨拶をされるとうれしい気持ちになります。そこで、4月の学級開きから期間を決めて「どちらが挨拶を先にできるか？」を競うことをゲーム感覚で行います。もちろん、これは、友だちとも、教師とも実践します。

✅ 挨拶をする態度をゲーム感覚で養っていく

　「先に挨拶」を行っている間は、朝の会で「今日は何人に勝つことができましたか？」と聞くようにしましょう。そうして、「先に挨拶をする」ことを意識させていくのです。また、教師がどこかに隠れていて、いきなり子どもたちに挨拶を仕掛けてもいいでしょう。こうしてゲーム感覚で挨拶の習慣を身につけさせていきます。

✅ 基準を上げていく

　「先に挨拶」が身についてきたら、次のステップへと進みます。それは、相手と目を合わせて、はっきりとした声で挨拶を行うなどのポイントを付け加えていくことです。子どもたちの状態を見て、必要であれば、まずは全員で「目を合わせる練習」をしてもいいでしょう。

　忘れてはならないのは、この挨拶の練習期間が終わっても、「先に挨拶ができていますか？」という言葉かけを、教師が絶えず行っていくことです。

FOLLOW UP!

なかなか先に挨拶ができない子に対しては、あえて教師が負けてやることも有効です。そうして、「できた！」を積み重ねてあげましょう。

学級ルールが
自然と身につく言葉かけ

学級ルールを子どもたちが身につけることは、「安全・安心」な学級づくりには欠かせません。「ルールを守らせる」のではなく、どのようにすれば、子どもたちは「ルールを守ろう」と思えるのでしょうか。

言葉かけ例

ルールを守ると気持ちがいいよね！

NG 「ルールだよ！」と教師が一方的に押し付けるだけの指導ではまったく効果は上がりません。考える力が育たなくなってしまいます。

ルールの目的とは

　そもそも「ルール」とは、なぜ存在するのでしょうか。それは、「み
んなで生活する中で、ルールを守ることによってよりよく生活できる
もの」であるからです。つまり、ルールの目的は「守るため」ではなく、
「気持ちよく生活を送るため」なのです。だからこそ、「ルールだから」
といって、子どもたちを縛るのは間違ったことです。

　ルールで子どもを縛ってはいけません。

ルールを守ることは「気持ちがいい！」

　とはいえ、「決めたルール」を守ることは大切です。子どもたちに
自発的に「ルールを守ろう」と思わせるためには、まずは教師が「ルー
ルを守ると気持ちがいいね！」と子どもたちに言葉かけするようにし
ていくことから始めます。そもそも、ルールを守って生活することは
気持ちがいいことです。それを、言葉かけで浸透させていくようにし
ます。そして、ルールを守るよさを具体的に伝えていきましょう。

ルールを守っていることへの感謝を伝える

　同時に、「ルールを守ってくれてありがとう！」と、感謝を伝える
ことも必要です。当たり前に思えることも、「みんながルールを守っ
てくれているから、安心して過ごすことができているね。みんな、あ
りがとう」とあえて伝えていくのです。

　ルールを守る指導はどうしてもネガティブな雰囲気になりがちです
が、こうした言葉かけで、どんどんプラス思考へと変えていきます。

FOLLOW UP!

 ルールを守らない子には、「このルールを守らないと、み
んなはどんなふうに感じるかな？」と想像を促す言葉か
けを行ってみましょう。

時間厳守が
当たり前になる言葉かけ

　まだまだ自分で時計を見て行動することができない、この時期の子どもたち。こうした子どもたちには、「問いかけ」による言葉かけで、自主的に動けるように導きます。

言葉かけ例

時計（さん）より先に動けるかな？

時計さんには
負けないぞ

あと1分だ！

NG 　子どもに時間厳守を求める以上、まずは教師が時間に敏感でなくてはいけません。授業の開始や終了などがルーズでは説得力がありません。

✅ 学校は時間を意識できる最適な場所

学校は、毎日、時間通りに予定が進んでいくという、ある意味、特殊な場所ともいえるでしょう。同じ時間に授業が始まり、給食が始まり、そして、休み時間が始まります。毎日同じ時間に動くため、時間を見て活動するには、とても最適な空間ともいえます。幼いうちからしっかりと時間を見て動く力を身につけさせていきましょう。

✅ 教師の号令で動かさない

時間を守らせる言葉として、不適切なものがあります。例えば、「もうチャイムが鳴りましたよ！」「掃除の時間ですよ！」などです。なぜなら、それらの言葉かけはすべて「その時間を超えた後」に実施されることになるからです。これでは、子どもたちが時間を守るようにはなりません。つまり、時間ではなく教師の号令で子どもたちは動いていることになってしまうのです。

✅ 時計よりも先に動く

そこで、「時計より先に動けるかな？」と少し子どもたちを挑発するような言葉かけをします。さらに「この時間は、時計に勝つことができましたか？」とゲーム感覚でのせていくと、子どもたちは喜んで取り組みます。

このとき、時計よりも先に動いている子をしっかりと賞賛するようにしましょう。時計を見て行動している子どもたちは、自分たちで輝いていきます。

FOLLOW UP!

時計よりも先に動くためには、「時計が読める」ことが必須です。特に2年生には、「今、何時？」という問いかけを頻繁に入れるようにします。

どの子もきれい好きになる

整理整頓の言葉かけ

どの学年にも、気が付くと、机の中がパンパンで、配付したプリントや教科書、ノートなどであふれかえっている子どもがいるものです。そうした子に整理整頓を身につけさせる絶好の言葉かけがあります。

整理整頓は、「しておきなさい」と口うるさく言ったところで、子どもには身につきません。クラス全体で一緒に取り組むと効果があります。

✅ 「整理整頓」が当たり前に

整理整頓ができない子どもの一番の要因は、「整理整頓がされていないことが当たり前」になってしまっていることです。つまり、その状態がまったく気にならないがゆえに常態化してしまっているということを前提に指導しなければなりません。

一度や二度、整理整頓をしたところで、またすぐに元に戻ってしまいます。根気よく指導を続けていきましょう。

✅ まずはクラス全体で取り組む

「整理整頓ができている状態に意識を向けさせる」ためには、クラス全体で取り組むことが最適です。「整理整頓ができていないよりも、できるほうがいいことなのだ」という雰囲気をクラスでつくり出していきます。週に一度か二度、帰りの会などに時間をつくり、「整理整頓タイム」を設けるようにします。「整理整頓タイムスタート！」です。

✅ どうしてもできない子には教師が付き合う

こうした取り組みを続けることで、ほとんどの子どもに「整理整頓」が身についていきます。これは「集団の力」によるものです。しかし、それでも、なかにはどうしても整理整頓ができない子がいるものです。学年が低いほど、多いかもしれません。

そうした子には、教師が個別に手伝うようにします。その繰り返しで、少しずつであっても確実に身についていくようになります。

FOLLOW UP！

クラスには「整理整頓がとても上手な子」がいます。その子に「どうしたら上手にできるのか？」を全員の前でインタビューしてみましょう。

CHAPTER 4-6

2・3・4年生男子のトラブルあるあるを
スルッと解決する言葉かけ

　この時期は、まだまだ自己中心的な考えの子どもたちが多いものです。特に、男子はその傾向が強いといえるでしょう。そんな男子たちのトラブルも言葉かけによって解決していきます。

言葉かけ例

みんな、友だち！

NG 頭ごなしに叱りつけるのは、絶対にいけません。まずは1人1人から手順を踏んで話を聞いていきます。

✔ 簡潔にスパッと解決

　男子のケンカにおける聞き取りの鉄則は、「詳しく聞きすぎない」ことです。詳しく聞きすぎると、「だって……」などと、不要な言い訳まで聞くことになり、話がややこしくなってしまいます。そうではなく、できるだけ簡潔にスパッと話をまとめていく方法が、解決も早く、子どもたち自身も次へと進むことができるのです。

✔ 男子のトラブル解決マニュアル 1

　具体的に、どのような言葉かけをしながら男子のトラブルを解決すればいいのでしょうか。
　①お互いに嫌な気持ちになったことを共感する＝「嫌な気持ちになったんだね」。②順番に、何が一番嫌だったのかを聞く＝「一番嫌だったことは何？　○○くんからどうぞ」。③順番に、自分をふりかえらせる＝「少しは自分にもいけないことがあったよね」。

✔ 男子のトラブル解決マニュアル 2

　ふりかえりがすんだところで、次のステップです。
　④謝罪をさせる＝「どうすればいいかな？（子どもから謝罪を引き出す）」。⑤話を終える＝「みんな、友だち！」（「友だち」は子どもたちにも言わせる）」。
　このような解決マニュアルを頭の中に準備しておくことで、子どもたちにとっても「困ったことが起きたとき、こうやって話ができる」と安心感を抱かせながら、素早い解決へとつなげることができます。

FOLLOW UP!

ケンカの後に仲よくしている様子が見られたら、すぐに「ちゃんと仲直りができてえらいね！」とフォローの言葉かけを忘れないようにしましょう。

2・3・4年生女子のトラブルあるあるを
スルッと解決する言葉かけ

Chapter 2-2 で、この時期の女子の特徴として論理的であることをお伝えしました。当然、男子と女子ではトラブルの解決方法は変わってきます。女子の解決のカギは、この論理的であることです。

言葉かけ例

最後に何か
言いたいことはないですか？

NG

「○○をしたんでしょ！」などというような決めつけは絶対に NG です。子どもの話を丁寧に聞き取ることが基本です。

✔️ 女子ならではの解決方法がある

女子は早くから論理的な思考が発達していきます。だからこそ、女子の場合は特に丁寧に話を聞いていかなければなりません。教師の思い込みで話を進めてしまうと、「じつは違う」ということがあるのも、この時期の女子ならではでしょう。そうした女子のトラブル対応には、子どもに確認を取りながら一歩ずつ話を進めることが鉄則です。

✔️ 女子トラブル解決マニュアル1

具体的には、次のような流れで解決に向けての話を進めていきます。
①セットアップ＝「何があったの？」（1人ずつ順番に説明させる）。②それぞれが発言したことに間違いがないかを確認させる＝「それで間違いはないかな？」（間違いがあれば、さらに丁寧に聞いていく）。③教師がとらえている話を確認する＝「○○ということで間違っていないかな？」。

✔️ 女子トラブル解決マニュアル2

確認がすんだところで、次のステップです。
④自分をふりかえらせる＝「今回、自分がよくなかったなと思うことは？」（順番に話をさせる）。⑤解決の方法を言わせる＝「どうしたらいいだろう？」（子どもから引き出すようにする）。⑥最後に言い忘れていることや言っておきたいことはないか確認をする＝「言いたいことなどはありませんか？」。⑦それぞれ謝罪をさせる。
こうした丁寧な手順で、しこりを残すことなく解決をはかります。

FOLLOW UP!

話し合いの雰囲気も、あくまでもなごやかに進めるようにしましょう。トラブルを発生させた子どもたちの雰囲気に合わせるのがカギです。

いじめの芽を摘み取る
友だち関係チェックの言葉かけ

　いじめは、全学年で取り組まなくてはいけない問題です。いじめを起こさないためにも、2・3・4年生の時期は、「相談」することが当たり前になるよう言葉かけしていきます。

言葉かけ例

困ったことは、先生に相談しなければいけません！

NG　「相談にこないといけない」と言うだけで、教師から何もはたらきかけず、子どもたちの様子を知ることを怠っていては絶対にいけません。

✅ 相談にくる子は大丈夫

どんなことも教師にこまめに相談にくるタイプの子がいます。友だちにされて嫌だったことや「○○さんが〜〜していました」などのように報告にくることもよくあります。

そうした日頃から教師とまめにコミュニケーションをとりにくる子については、大きな心配は入りません。常日頃から、その都度、その子の話を聞いていくようにします。

✅ 相談にこない子を気にかける

特に気にかけなければいけない子は、「教師に相談にこない子」です。こうした子は、学級内において真面目にコツコツと取り組んでいることが多く、教師もつい見落としがちになってしまいます。また、その子自身の意識としても、教師に話しかけることに尻込みしてしまう傾向が強く、自発的にコミュニケーションをとりにきません。

✅ 「相談」を義務的にさせる

相談にこない子には、「何かあれば先生に報告する」ことをしっかりと指導しなければなりません。つまり、「困ったことは先生に言ってね」という呼びかけではなく、「困ったことは先生に相談しなければいけません」と義務的に伝えるようにします。

すると真面目なゆえに、「じゃあ、相談にいかないと……」という発想になり、自分から動き始めるようになるのです。

FOLLOW UP!

なかなか相談にこない子が相談にきたら、まずは「よく相談にきたね」ときちんとほめてあげましょう。相談にくることを「当たり前」に変えていきます。

学級トラブルをクラス全員で
解決していく言葉かけ

　2・3・4年生の子どもたちも、それぞれにもっている力で、自分たちのトラブルは自分たちで解決していくことができるものです。教師の役割は、その力をうまく引き出してあげることです。

言葉かけ例

みんなのチカラを貸してください！

NG 方法を教えずに、すべて子ども任せではいけません。解決の内容は子どもたちに任せても、話し合う手順は教えがあってできることです。

✅ 子どもは教師のチカラになりたい

　学級内のお手伝いや授業での発表場面など、教師の代わりとなって活躍するチャンスがあれば、子どもたちはどんどん積極的な活動を起こしていくものです。つまり、子どもたちは、いつでも「教師のチカラになりたい」と思っているのです。そのことを、教師自身がいつも念頭に置いておかなければなりません。

✅ 困っていることを伝えてもいい

　トラブルが起こったときには、「困ったな〜」「先生だけじゃ解決できないかもしれないな〜」と、教師が積極的に困っていることを子どもたちに伝えていきましょう。すると、子どもたちは「今は自分たちががんばらないと！」と自然と気持ちを高めていきます。そこで、教師がすかさず「ぜひ、みんなのチカラを貸してください！」と言うのです。このような日頃の行いによって、困ったときに人に頼る文化が根付いていきます。

✅ 子どものペースでいいことも

　いざ、子どもたちに任せてみると、子どもたちの言葉で、子どもたちのペースで、物事が進んでいきます。教師の言葉やペースで進めるよりも、このように子どもたち自身の言葉やペースで進めたほうが、クラス全員が分かりやすかったり、納得したりすることができます。
　その言葉の表現やペースから、教師自身も学ぶことがあるほどです。ときには、「みんなのチカラを‼」と子どもたちに頼ってみましょう。

FOLLOW UP!

トラブルなども含め、子どもたちに任せるときには、「徐々に手放す」ことを忘れないようにしましょう。一気に手放してしまうのはいけません。

2・3・4年生だからこそ！

登下校指導の言葉かけ

　昨今、トラック衝突事故などによる登下校中の事故が後を絶ちません。子どもたちの安全を守るためには、常に注意喚起が必要です。適切かつ効果的な言葉かけが求められます。

言葉かけ例

ランドセルを家に置くまでが学校です！

NG　こうしたキャッチフレーズは、「なぜ？」が言えなければ効果はありません。ときには「どうして家に置くまでだった？」と子どもたちと確認してください。

✅「さようなら」の後は気が緩みがち

　年齢の低い子どもであればあるほど、「安全」よりも「興味・関心」に意識が向いてしまうものです。また、学校で「さようなら」の挨拶をすると、「今日も1日がんばった」と安心をして、気が緩むのも事実です。しかし、学校から自宅に戻るまでも、子どもたちにとってはたいへんな労力です。ここで気を緩めないように言葉をかけます。

✅無事に帰宅することの尊さを伝える

　「さようなら」の挨拶をした後も、決して気を緩めてはいけないことを指導しましょう。そして、「ランドセルを家に置くまでが学校です」と伝えるのです。また、「おうちの人はいつもみんなが元気に帰ってくることを楽しみにしているんだよ」ということを伝え、無事に帰ることの尊さを、折に触れて子どもたちに語りかけていきましょう。

✅登下校中の危険を理解させる

　とはいえ、登下校中には誘惑がつきものです。注意を促すためにも、学級活動などの時間で、「みんなが登下校中にしてしまうこと」を話し合わせる時間を設けるのも1つの手です。

　例えば、「走ってしまう」「道中でジャンケンをしてしまう」「傘で遊んでしまう」「ボールを転がしながら帰ってしまう」など、たくさんの事例が出されることでしょう。仕上げに、そういうことをするとどんな危険があるのかをじっくり考えさせるようにします。

FOLLOW UP!

　ときには、「上手に家まで帰ることができた人？」と、登下校の自分をふりかえらせる時間もつくりましょう。話し合い後に、特に効果的です。

心身ともに男女差に気付き始める頃の対応法

　幼稚園や保育園では、ほとんど男女の違い自体が分からずに、「男子と女子は違うんだよ」と指導を受けてきた子どもたち。しかし、この時期になれば、基本的な男女の違いについてはすっかり理解できるようになっています。同時に、この頃から始まるのが、「男子なのに……」「女子なのに……」という性別による「決めつけ」です。

　例えば、「男子なのにピンク色の物を持っている」「女子なのに戦隊モノが好き」というようなことを茶化したり、引いた目で見たりするようになったりすることです。これは、「男女の違い」を幼少期に習ってきた弊害ともいえるのかもしれませんが、「男子は○○」「女子は○○」というようなイメージが子どもたちの中に生まれているからなのでしょう。

　しかし、男子でも女子が主人公のアニメが好きな子はたくさんいますし、女子でも強くてかっこいい戦隊モノに夢中になっている子もいます。それらは、「男子だから」「女子だから」ではなく、それぞれの子どもたちがもっている個性に他なりません。

　この時期に必要な指導は、「男子、女子ではなく、興味・関心のあることは個性だよ」ということを教師がしっかりと教えることなのです。もしも、教室で「男なのに〜」「女なのに〜」というような言葉や行動が見られたら、必ず取り上げて指導していきましょう。そうした指導を丁寧に行うことが、それぞれの個性を守ることにつながります。

　クラスづくりの大前提には、「安心・安全」であることが外せません。子どもたちにとって、自分の好きなことを自然に表現できる環境は、何物にも代えがたいものなのです。

　そうした環境をつくり出せるかどうかは、教師の高いアンテナにかかっています。こうした男女についての指導を適切に行うことこそが、どの子も安心できる空間づくりにつながっていくと覚えておきましょう。

　また、今後、多様性がより求められてくる社会においては、教師自身がLGBTなどにも高い関心と知識をもって教育を行っていかなければなりません。この時期に、自分自身の性について気が付く子は少ないかもしれませんが、この頃からの積極的な指導が、正しい理解につながっていくのは言うまでもないことです。

CHAPTER.5

集中＆意欲を刺激する！

授業場面での
言葉かけ

・・・・・・・・・・・・・・・・・・・・・・・・・・・・・・・・

１日の中で、もっとも長いのが授業時間です。
毎日の授業において
どのような言葉かけを行っていくかが、
子どもたちが身につけるべき力や成長に
大きな影響をあたえます。

押さえどころは「VAK」と
「ゲーム」の要素を組み込むこと

　授業は、子どもたちの発達段階に合わせたかたちで日々実施していくことが重要です。「VAK」と「ゲーム」をうまく組み合わせることで、より充実した授業をつくることができます。

 ## VAK とは

　「VAK」の「V（Visual）」は視覚、「A（Auditory）」は聴覚、「K（Kinesthetic）」は身体感覚で、それぞれの頭文字を取ったものです。人は、情報をこれらのいずれかで収集するといいますが、どの感覚がよりすぐれているか、どの感覚を主体にして収集するのかは1人1人異なります（もちろん、秀でていない感覚で情報が収集できないわけではありません）。

　まずはこの3つの感覚があるということを押さえましょう。

 ## 3つの感覚をバランスよく取り入れる

　できるだけこの3つの感覚すべてを織り交ぜて学習効果をねらうことが大切です。

　例えば、漢字の空書き指導では、手を動かしながら、「いち、にー、さん……」と筆順を唱えます。そのとき、黒板や教材には手本を提示しておきます。つまり、手本を見る（V）、筆順を唱える（A）、手を動かす（K）ことで、どの感覚も研ぎ澄まされ、学習内容が子どもたちの中に深く入り込んでいくのです。このように3つの感覚を取り入れることを、日頃から意識しましょう。

学習にゲームの要素を取り入れる

　さらに、ゲームの要素が加わると、子どもたちはさらに熱中します。空書き指導では、「ゾウさんみたいな大きな文字で」「アリさんみたいな小さな文字で」「新幹線くらい超特急で」「カタツムリみたいにノロノロと」などのように、大きさや速さを変えて取り組ませます。

　こうしたゲーム要素を少しでも取り入れることで、子どもの集中はパッと高まり、夢中になって取り組みます。また、タイム計測も、子ども同士の競争心をあおり、目の前の教材に対して意欲をかきたてる簡単でありながら非常に効果的な方法です。

ここがPOINT

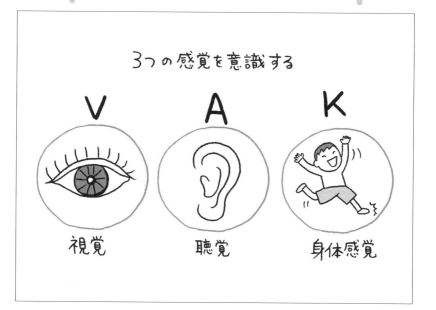

3つの感覚を意識する

V 視覚　A 聴覚　K 身体感覚

 ADVICE!

どの子がどの感覚での収集を得意としているか、学習状況を注視していきましょう。それぞれの子に合わせた伝え方が見極められるようになります。

授業の善し悪しを決める

言葉かけ① 説明

　授業づくりでは「発問」や「教材」に目が向けられがちですが、日常で授業の善し悪しを決めるのは、何といっても「説明」です。どんな学習活動にも必ず「説明」が必要です。説明スキルを高めましょう。

言葉かけ例

今から説明します！

NG 話す内容がダラダラと長い文になってはいけません。短く区切って話しましょう。説明のコツは「簡潔明瞭」です。

✅ 学習活動は説明がカギを握る

　毎日の授業には、さまざまな教科の多様な学習活動が組み込まれています。新出漢字の習得、計算、楽器演奏、歌唱、絵画制作、観察など、子どもたちの活動がうまくいくかどうかのカギを握るのが「説明」なのです。理由は、活動自体が子どもたちにとって非常に魅力的なものであり、発問などを必要としないということ。

　しかし、説明がうまくいかなければ、活動はうまくいきません。

✅ 教科書に書かれていないことを丁寧に

　例えば、計算練習に取り組むとき、子どもたちからは次のような質問がよく聞かれます。「（問題の答えは）教科書にしますか？　ノートにしますか？」「問題を写しますか？　答えだけ書けばいいですか？」などです。こうしたことは、教科書には説明がないことであり、教師がきちんと説明をしなければならないのです。子どもたちが取り組みを始める前の説明には、特に気を配り、簡潔に伝えていきましょう。

✅ 説明が授業レベルを支える

　教師からの説明が抜かりなくされていれば、子どもたちは戸惑ったり、混乱したりすることなく、集中して学習活動に取り組むことができます。しかし、説明がなかったり、あったとしても伝え方がぼやけたりしていると、授業は一気に混乱状態に陥ります。これによって、「先生の授業、分からない〜」が始まってしまうのです。授業づくりにおいては、まずは明確な「説明」に力を入れていきましょう。

FOLLOW UP!

全体説明だけではついてくることができない子もいます。そうした子には、全体に説明した後、個別フォローでサポートしていきましょう。

授業の善し悪しを決める

言葉かけ② 指示

　「説明」に次いで日常の授業の中でよく使用するのが「指示」でしょう。子どもたちへの指示が安定して行えると、授業に対する子どもたちの意欲や行動は格段に高まっていきます。

言葉かけ例

○○できたら座りましょう！

誰が終わったか分かりやすい！

読んだら座りましょう

早くしないと！

終わった！

NG 起立させっぱなしではいけません。起立は「確認のため」です。音読に時間がかかる子がいたら、途中で全員座らせる指示に切り替えます。

✅ 指示で見通しをもたせる

　よい指示とは、「ゴールを示している」ということです。それによって、子どもたちは、自分たちがどうすればいいのかを見通すことができるため、明確にゴールを示した指示は大きな効果があります。

　また、そうした指示によって、子どもたちは自分自身で学習に取り組むこともできるようになります。一方、悪い指示は、「どうすればいいのかが子ども自身で判断できない」、はっきりしない指示です。

✅ 子どもが「分からない」と感じる要素を潜ませない

　国語科の音読指導の場面において、「○場面を読みましょう」という指示がありますが、じつはこの指示にはいくつもの問題点があります。それは、子どもたちが、「何回読めばいいのかが分からない」「読み終わったら、何をすればいいのかが分からない」などといった不確定要素をはらんでしまっているということです。

✅ 全員起立でゴールを示す

　上記の指示を、例えば「全員立ちましょう。一度読んだら座りましょう」と言い換えてみます。すると、子どもたちは何度読めばいいのかが分かりますし、また、終わった後にはどうすればいいのかも分かります。さらに、教師にとっては、全員が起立したところから始めるため、誰が読み終わっていて、誰が読み終わっていないかが一目瞭然となります。音読指導の指示ひとつとっても、伝える内容によって、これだけ成果が異なります。

FOLLOW UP!

音読指導の場面では、「隣の人に聞こえる声で読みましょう」「前の人に聞こえる声で読みましょう」などと基準を示すことも効果的です。

授業の善し悪しを決める

言葉かけ③ 問い

「問い」の大切さは、CHAPTER 1-6 でもお伝えしましたが、ここでは、授業の中でよりよい問いを生み出すためのコツについて、より深く押さえていきましょう。

言葉かけ例

どうして？ 何？ 本当？

NG　思考から生まれた問いを投げかけながら、教師自身に答えがないのではいけません。問いかける際は、まずは答えを準備しておくことが必須です。

✅ 素材研究をする

　教師の子どもに「問う力」を底上げしていくためには、まずは「素材研究」が大切です。それは、教師づらをせずに一個人として作品を読むことです。つまり、「教える」ことを一度頭の中から追い出してその教材と対峙しながら読みを深めていく方法をいいます。例えば、国語科の教材「ごんぎつね」において、「クライマックスについて、どのように読みますか？」を自問自答しながら考えを深めていくことです。

✅ 専門性を高める

　「その教科の専門性を高める」ということも、大切な準備です。昆虫に興味がなく、あまりよく知らない教師と、昆虫に興味・関心をもち、詳しい教師とでは、問いは明らかに違います。

　子どもたちに教えるには、まずは教師自身が教えるその内容について知ろうとしたり、詳しく調べる姿勢が大切です。「自分自身が学ぶ」という姿勢を、常にもち続けましょう。

✅ 批判的な問いを投げかける

　素材研究を重ねたり、興味をもって専門性を高めたりしながら教材に向き合う努力をしていけば、自然に子どもに考えさせたい問いが浮かんでくることでしょう。問いを考える際には、「どうして〜？」「〜って何？」「〜は本当？」という3つの型に教材をぶつけていきます。

　これら3つの問いは、「クリティカルな問い」といわれるもので、こうした批判的な問いを立てることで、本質を突くことができます。

FOLLOW UP!

低学年のうちから「批判的な思考」に慣れていく必要があります。教師が率先して、日常の授業の中で取り扱っていきましょう。

恥ずかしがらずに
「話してみたい！」と思わせる言葉かけ

　人は誰しも「表現したい」と思うものです。しかし、この時期の子どもたちは、人前での発表に慣れていないことなどから、うまく表現できない子がたくさんいることも事実です。

言葉かけ例

今から全員発表タイムです！

全員発表タイム！

よし！ すぐ言うぞ！

どうせ言うなら早めに言おう！

NG　「できない」が、子どもに原因があると考えてはいけません。教師の工夫次第でできるようになるととらえましょう。だからこそ、子どもに合った工夫が生まれます。

✅ まずはノートに意見を書かせる

　子どもたちには、まずは自分の意見をノートに書かせるようにしましょう。自分の意見をノートに書くことができれば、それをただ読むだけで発表することができます。自分の意見を書くこと自体にハードルがあるように思われるかもしれませんが、例えば、はじめは「賛成」「反対」やその理由などの簡単な方法で、繰り返しその機会を設けることでだんだんと書けるようになっていくものです。それでもなかなか書けない子には、「真似をすること」から始めさせていきます。

✅ 発表に向けての練習タイムをつくる

　ノートに自分の意見が書けていても、うまく話せない子もいます。そうした子のためにも「練習タイム」を設けましょう。「立ちましょう。自分の書いた意見を読んだら座りましょう」と一度、自分の意見を読む練習をします。さらには、教師が机間指導でノートに丸を付けるのもいいでしょう。こうして自分の意見に自信をもたせるのです。

✅ 全員発表の時間を設ける

　教師から子どもへ、ときには「善意ある強制」も必要です。そこで、「全員発表」の機会を設けることをおすすめします。全員が発表するため、もちろん発表が苦手な子も発表せざるを得ません。こうした機会を時間が許す限り取り入れていくと、すべての子に発表体験が積み重ねられていきます。そして、クラス全員が発言できる状態になると、授業の質もレベルアップしていきます。根気よく続けていきましょう。

FOLLOW UP!

発表できた子には、きちんと評価をします。時間がないときは、「発表できた人は、自分でノートに花丸を書きましょう」などとしても有効です。

間違えることの大切さを
定着させる言葉かけ

どの学年においても、子どもが「失敗」を恐れる場面はつきものです。教師は、子どもたちの発達段階に合わせた「失敗への向き合い方」を指導しなくてはいけません。

言葉かけ例

プロ野球の選手でも
10回に7回はアウトだよ！

失敗してもいいよ！　　失敗に学ぼう！

まず
やってみよう！

失敗は恥ずかしい
ことじゃないんだ！

NG くれぐれも失敗や間違いを、教師自身がネガティブにとらえてはいけません。そのような積み重ねは子どもに確実に伝播してしまいます。

✔️ 共感しつつも背中を押す指導を

　子どもたちが抱えている「間違えたらどうしよう」「失敗したらどうしよう」という気持ちを否定する必要はまったくありません。しかし、いつまでもそうした気持ちにとらわれていては前進していくことはできません。教師はその気持ちに共感しつつも、いつも子どもたちの背中を押していく指導をしていくことが必要です。ただその場にいるだけでは、学校教育の最大の目的である「成長」にはつながりません。

✔️ 野球にたとえてみる

　たとえ話として、多くの子どもたちに理解されやすいのが、野球です。野球のバッターは、3割打てば好成績といわれます。どんな名バッターといわれる人でも、およそ打率は3割です。つまり、10回に7回はアウトなのです。ぜひ、子どもたちにはこの話をしてあげるといいでしょう。憧れのプロ野球選手でも、ほとんどが失敗していることに、子どもたちは非常に勇気づけられます。

✔️ 「間違えてもいい空気」をつくる

　日々、失敗を恐れずに挑戦する姿をどんどんほめていきましょう。同時に、「間違ってもいいよ。でも、間違えようともしないのはダメなことなんだよ」と繰り返し伝えていきます。

　元プロ野球選手であり、監督を務めた野村克也さんは、「失敗はせいちょうと読む」と常々おっしゃっていましたが、クラス中に間違いを恐れない空気を教師が率先してつくっていきます。

FOLLOW UP!

帰りの会などで、「今日失敗した回数は？」とときどき聞くようにします。そして、「それだけ成長できたんだね！」と価値付けしてあげましょう。

「教え合い」のシステムが
生まれる言葉かけ

　2・3・4年生の子どもたちといえば、基本的に、まだまだ教師からの一方的な授業形態が主体と思われているかもしれませんが、そんなことはありません。子どもたち同士で十分に高め合えるのです。

言葉かけ例

先生になれる人？

NG 先生になってもらっても、子どもに任せっぱなしにしてはいけません。子ども同士の教え方をチェックしたり、学び方に困っていないかの関わりが必要です。

1年をかけて教え合う文化を育てていく

　子どもたち同士の教え合いは、どんな学年でも導入したいシステムです。私は「リード」・「サポート」・「バックアップ」という指導段階に関する考えのもと、1年間をかけて子どもたち主体の学習活動の割合を大きくしていきます。学級開きをしてからまだ間もない頃は、教師がしっかりと導いていきますが、様子を見ながら、徐々に子どもたち同士の教え合いや学び合いの機会を増やしていきます。

算数の計算問題から始めてみる

　具体的には、どのようにして「子どもたち同士の教え合い」を導入するといいのでしょうか。私は、算数科の計算問題からをおすすめします。例えば、問題を速く解くことができた子に、「先生になれるかな？」と言葉をかけて、1人で解決することが難しい子のところへ行かせて「ミニ先生」をお願いするようにします。算数科の計算問題は、答えがはっきりしているため、教え合いの導入に最適です。

教え合いから高め合いへ

　「作文」「演奏」「調べ学習」など、主に技能系の学習活動においても、教え合いの効果は発揮させやすいです。こうしたことがクラスの中で当たり前になってくると、さらに「高め合い」へとつなげることができるのです。そして、たくさんの意見を出して話し合う授業などでは、活気あるよい影響が自然と生まれていきます。

　ぜひ、クラスの中に「教え合い」のシステムを導入してみてください。

FOLLOW UP!

教え合いに慣れてきたら「解決に困っている子」から積極的に助けを求められるようにも指導しましょう。これが、「自力解決力」の1つの方法です。

ペアトークやグループワークを
活性化する言葉かけ

ペアトークやグループワークを取り入れれば、子どもたちが自然と主体的になるかと思われがちですが、そうではありません。子どもたちが活性化するための教師からの言葉かけが必要なのです。

言葉かけ例

（隣の人と）
4つ以上出し合いましょう！

NG 「ただ話をさせるだけ」では学びは深まりません。「活動あって指導なし」と警鐘が鳴らされているように、教師の関わりが必須です。

ゴールをきちんと共有する

　ペアトークやグループワークでは、それぞれの活動における目的がなければ効果的な結果は得られません。そのためには、必ず「ゴール」を共有するようにします。

　例えば、「相談」「確認」「交流」「質問」「協働」などがありますが、そのときに行うペアトークやグループワークでは何を目的に実施するのかを教師がつかんでおくことが大前提になります。

ペアトークでは「数」を入れる

　例えば、ペアトークにおいては「◯つ以上出し合いましょう」と数を用いた言葉かけが欠かせません。「写真を見て気が付いたことを、隣の人と4つ以上出し合いましょう」などと伝えます。このように「数」を入れることで、子どもたちのペアトークは活性化されていきます。それは、子どもたちに「ゴール」を見せているからです。

グループワークでは「具体的なゴール」を示す

　グループワークでは、「この問題をグループ全員ができるようになったら、机を元のかたちに戻しましょう」「話し合いがまとまったら、ボードに意見を書き込んで、黒板に貼り出しましょう」などの具体的なゴールを共有させるようにします。

　ただ話をするために時間をとるのではなく、「何を目指せばいいのか」を子どもたちとしっかり共有していきます。

FOLLOW UP!

特にグループワークでは、「みんなが同じくらいの量を話すようにしましょう」など、発話量についての指導も忘れないようにしましょう。

「もっと知りたい！ 学びたい！」と
やる気を仕掛ける言葉かけ

　この時期の子どもたちは、特に好奇心旺盛で、「知りたい！」「学びたい！」という気持ちにあふれています。その気持ちをしぼませないように具現化させていく方法を教師が伝え、輝かせていきましょう。

言葉かけ例

📢 検索してみる？

NG 　「この年齢でパソコンを使うのは早い」などの固定概念を捨てましょう。社会の動きや変化は加速し、子どもたちはどんどん習得しています。

純粋な気持ちをそのまま育てるには

　この時期の子どもたちは、教師がむりやりに「やる気を仕掛ける」ことをせずとも、すでに向学心や意欲をみなぎらせている子が多いものです。しかし、気持ちはあっても、「知ることができない」「学ぶことができない」となれば、すぐさま気持ちは萎えてしまいます。子どもの活き活きとした思いや純粋な学習意欲を持続させ、高めるためには、教師がテンポよく「学ぶ方法」を伝えなくてはいけません。

どうしたら知ることができるのかを教えよう

　まずは、「どうしたら知ることができるのかを教える」ことが必要です。例えば、「おうちの人に聞いてみよう」「友だちに聞いてみよう」などのように「人に聞く」という方法があります。また、「図書室へ行ってみたら？」と本を読んだり、調べたりするチャンスをつくってあげることも可能です。とにかく、「知りたい」をすぐさま「検索する行動」へとつなげていきます。

1人1台端末にもどんどん触らせる

　検索といえば、まさに1人1台端末が欠かせない時代となってきました。パソコンやタブレットに言葉を入力すれば、関連する情報がどんどん出てくるのです。「まだ早いかな……」などと躊躇することなく、積極的に端末に触らせるようにしていきましょう。
　できれば、休み時間にもどんどん開放していきます。教師が考えている以上に、子どもたちは上手に使いこなしていくものです。

FOLLOW UP!

ICTスキルは、活動の中で、子どもたち同士で自主的に高め合えるものです。教え合いをどんどん取り入れていく言葉かけも行ってください。

「自分の力でやってみたい！」と
子ども自身に言わせる言葉かけ

「教科書のことは、先生に教えてもらわないとできないもの」と子どもは無意識に思い込んでいます。しかし、そうではないことに気付かせなければなりません。教科書は子ども向けに書かれています。

言葉かけ例

自分たちの力でやってみる？

まずは自分の力でやってみよう！

教科書は自分で読めるぞ！

ここは分からないから人に聞こう！

パソコンでも調べてみよう！

NG 「できない」を叱責することは厳禁です。「やりたい！」と思わせる前提は、自信をもっていること。日頃からのほめ言葉を意識しましょう。

✅ 子ども主体の割合を増やす

　挑戦したい気持ちをもっている子どもたちの思いを引き出し、どんどん「自分の力でやってみたい！」と思わせたいものです。そのためには、日常の授業を改善していくしかありません。まだまだ、教育現場では「教師が主体」となった授業が行われています。これを、「子どもが主体」となるよう学習活動の割合を見直し、取り組みの工夫を施していくように教師が強く意識化していきましょう。

✅ 教科書は子どもだけで読めるもの

　子どもたちは「教科書のことは、先生から習うもの」と思い込んでいます。しかし、教科書の文字は学年配当漢字が完璧に配慮され、読み手の子どもが理解できるようにつくられています。また、文章だけで理解できないものには、イラストやヒントが付けられています。「教科書はまず自分で読む」という「自力読み」の姿勢も指導していきます。

✅ 自力で解決できないから人に聞く

　自力読みをしてみて解決できないものについては、別の方法で解決していくことができる力も身につけさせなければなりません。ここで、はじめて「人に教えてもらう」という活動が生まれてくるのです。

　そもそも教えてもらう相手は教師だけに限りません。自力解決できた友だちなどから、どんどん教えてもらうように教師が言葉で促していくようにします。こうしたことを積み重ねていくことで、自然に「やりたい！」という気持ちが育っていくのです。

FOLLOW UP！

学び合いや教え合いは、「リード」・「サポート」・「バックアップ」を意識しましょう。だんだんと教師主体から子ども主体へと移行させていきます。

早熟すぎる子への言葉かけと指導

　どんな学年を担任しても、早熟すぎる子には出会うものです。

　「低学年なのにすごく落ち着いて話を聞くことができる」「平易な言葉を使わなくても、きちんと話している内容がその子に届く」といったことや、「教えていないのに、一歩先んじた行動ができている」などと、驚きの姿が見られる場面は少なくありません。

　指導の際に忘れてはならないのが、そのような子の活躍も、他の子と同様にどんどんと認めていくようにすることです。というのは、早熟すぎるとはいえ、当然のことですが、子どもであることには変わりないのです。テストでいい点が取れればうれしい。教師にほめられればうれしい。みんなで遊ぶことが楽しい。そうした気持ちを、他の子どもたちと同様にもち合わせていることを忘れないようにしましょう。

　あるときのことです。クラスの中でも特に早熟なＡさんが、「○○さんが〜〜してきました」と訴えてきたのです。Ａさんは、勉強はよくできて、とても素直。まさか友だちとトラブルを起こすとは、考えもしなかったのです。しかし、すぐさま、教師として、そうした考えをもっていた自分を反省しました。早熟であろうがそうでなかろうが、子どもは子ども。さらにいえば、Ａさんも１人の人間。人間というものは、誰しも失敗をしたり、トラブルを起こすものです。それは、早熟だろうがそうでなかろうがまったく関係がないのです。

　Ａさんとはじっくり話し、他の子と同じようにトラブルを解決して仲直りをすることができました。

　「やんちゃな子」「学力が心配な子」には自然に目が向き、気が付くと他の子どもよりも多く手をかけてしまいがちです。では、そのとき、「普段気にかけなくても活動できてしまう早熟な子」は、どうしているでしょうか。もしかすると、教師の私たちは、どこかで思い違いをして、そうした子どもたちへの必要な手立てをおろそかにしているかもしれません。

　「気にかけていない子を、気にかけるようにする」

　その意識を、常に忘れないようにしたいものです。

CHAPTER.6

個々の成長とクラスの団結を！
行事指導場面での
言葉かけ

学校行事は、特別な時間です。
この特別な時間には、特別な言葉かけが必要です。
個々の成長にとどまらず、
クラスとしてのまとまりや集団としての達成感を
経験させていくコツを押さえましょう。

押さえどころは「学校行事はおもしろい！」
という気持ちののせ方

　学校行事とは何か、その意義をまだ理解できていないこの時期の子どもたち。そうした彼らに、どのようにして「学校行事はおもしろい！」と感じさせればいいでしょうか。

1から具体的に説明をする

　特に2年生のクラスにおいて、学校行事について一番分かっているのは誰なのでしょうか。それは、もちろん教師です。子どもたちは経験が少ないこともあり、学校行事自体をよく分かっていないといっても過言ではありません。

　そんな子どもたちに対して、教師は「学校行事のことをできるだけ具体的に説明してあげる」ことが大切です。どこで何をするのか、誰が来るのかなど、1つずつ具体的に教えていきましょう。

本番の様子を描写的に語る

　本番当日の雰囲気まで、しっかりと伝えることも重要です。例えば、運動会であれば、「自分たちが演技している姿をおうちの方も、地域の方も、6年生のお兄さん、お姉さんも見てくれるんだよ」と語りかけたり、「自分たちの演技だけではなくて、他の学年の人のがんばる姿も見ることができるよ」「楽しみだね〜！」と、本番ならではの雰囲気を教師が活き活きと伝えていきましょう。

1年ごとの成長を自信に変えさせる

　4年生には、言葉かけに少し変化を付けていきましょう。当然、2年生や3年生より多く学校行事を経験してきていますから、「お兄さんお姉さんになった姿を自信をもって見せていきましょう」「これから高学年になるみんなの姿を元気に表現していきましょう」など、2年生や3年生以上に4年生として大きく成長してきた姿を披露していこうという言葉かけが、子どもたちの心を動かします。1年1年の違いを教師自身が噛みしめながら、力強く伝えていってください。

ここがPOINT

 ADVICE!

学校行事をクラス一丸となって前向きに進めていくには、言葉かけの工夫が必要です。その際、「目的に向かう言葉かけ」を意識していきましょう。

クラスの目標を
きちんともたせるための言葉かけ

学校行事の取り組みは、準備が始まると、どうしてもやることが多く、「目的」を見失いがちになるものです。そんなときに大切になってくるのが「目標」なのです。学校行事では必ず目標をもたせましょう。

言葉かけ例

学級会で話し合ったこと、何だっけ？

学級会で出たワードは？

そういえば……

意見ありますか？

NG 子どもたちとの話し合いを抜きに本番に臨むことはあり得ません。行事指導の言葉かけを効果的にするためにも、しっかりと行いましょう。

✅ 子どもたちと話し合う時間を確保する

　学校行事に取り組む際、それに向かうための目標を子どもたちと共有できているでしょうか。行事に向かう準備の一番最初に、学級活動で話し合い活動を行い、その議題として「学校行事を通してどんなことをがんばりたいか」などを議題に子どもたちから意見を集めましょう。この時間がはじめにあるかないかで、学校行事で得る結果は、大きく意味が変わってきます。

✅ カリキュラムマネジメントの視点を取り入れる

　より確かな目標へと発展させるために、「道徳科」の時間とも連動させていきましょう。まさに、今、求められている「カリキュラムマネジメント」の視点です。学校行事の中で身につけさせたい能力や態度にかかわる教材を2〜4つ選び、行事本番の日程に合わせた学習計画として取り組むのです。

　学校行事に対する子どもの意識がさらに高まります。

✅ キーワードは自然に浮かぶ

　話し合い活動や道徳科の取り組みなどを積み重ねていくことで、子どもたちからは自然と「今回の学校行事では○○を大切にしよう！」といったキーワードが挙がってきます。そうした状況を見ながら、教師は時折、「学級会でどんなことを話し合った？」「道徳科でどんな議論をした？」などと、ふりかえりの言葉かけをしていきます。本番の完成度が上がるだけではなく、学校行事指導もうんとラクになります。

FOLLOW UP!

学級会や道徳科の授業で話題に挙がった言葉と関連させて、子どもたちをほめていきます。すると、自然に「目標」を意識させることができます。

練習に集中して
取り組むようになる言葉かけ

毎回の学校行事の練習では、気が付くと、「○○しなさい！」「次は○○です！」などと、教師ばかりが大きな声を出しているという状況はありませんか。そんなときこそ、言葉かけに一工夫です。

言葉かけ例

今日、がんばりたいことは？

NG 教師が力を入れすぎてはいけません。行事指導はいつも以上に子どもから声を引き出すようにします。力を抜いた指導がポイントです。

✔️ 子どもに話をさせる

　教師が語気を強め、子どもたちに指示ばかり出してしまう状況に陥ることは、学校行事の指導では珍しくありません。そうした状況を改善するためには、どのような手立てを講じていけばいいでしょうか。正解は、「子どもに話をさせる」ということです。

　練習や準備に行き詰まりが出てきたら、やかましく注意や指示をあたえるのではなく、「どうしたらいいと思う？」と子どもたちにストレートに問いかけてみましょう。

✔️ 「今日の宣言」を日常的に

　その日ごとに、教師から練習や準備のポイントを伝えるだけではなく、「今日の宣言」を子どもたちにさせていくことが大切です。クラス全体の前で発表させていく時間がとれなくとも、例えば、ペアトークにして、隣同士で宣言させるだけでもいいのです。その時間において、何をがんばりたいのかを子どもたち自身に自覚させていきます。そうすることで、自然と子どもたちの集中力も高まっていきます。

✔️ 集中力や注意点を問う

　さらに集中力を高めさせたいと感じたときは、「今の集中力は4点満点で言うと何点ですか？」と数値で自己評価させましょう。そして、「さらに集中力を高めるためには、どんなことに気を付ければいいですか？」と投げかけ、子ども同士でアウトプットさせます。このように、教師が言いたいことを子どもに言わせるように仕掛けるのです。

FOLLOW UP!

「集中している姿」を紹介するのも、全体をレベルアップさせる1つの手です。モデルとなる子を挙げ、何がいいかを話し合わせてもいいでしょう。

トラブルを自分たちで
乗り越えさせる言葉かけ

　2・3・4年生の子どもたちは、頼りないように見えて、じつは自分たちのトラブルを自分たち自身で乗り越えられる力をもっています。その力を発揮させるのも、教師の効果的な言葉かけです。

言葉かけ例

このトラブル、
自分たちで解決できそう？

NG 学級開きから5月頃までの期間では、この言葉かけはおすすめしません。初期の段階では、教師が主導したかたちで解決していきましょう。

✅ まずはキョトンとさせる

　行事の準備や練習の中でトラブルが発生したら、子どもたちに「このトラブルは自分たちで乗り越えられそうですか？」と問いかけてみましょう。通常、ケンカやトラブルなどが発生したとき、子どもたちは「先生からお説教があるもの」と思い込んでいるものです。そうした予想とは異なる言葉に、間違いなくキョトンとすることでしょう。その「キョトン」が子どもたちを冷静にさせます。

✅ 冷静に自分たちをふりかえさせる

　落ち着いたところで、子どもたちに話し合いをさせます。それで解決ができるのが理想ですが、当然、子どもたちだけでは解決できないケースもあります。そうしたときは、「どこがうまく解決できないのですか？」と教師が問いかけを入れていくようにします。
　子どもたちは、冷静に自分たちのことを見つめ直し、気付いたことを説明してくれることでしょう。

✅ 全体に取り上げて心構えをもたせる

　クラスで起こったトラブルを、子どもたち自身で解決できたときの仕上げとして、欠かせないことがあります。それは、「こんなことがありましたが、なんと○○さんと○○さんは自分たちの力で解決することができました！」と全体に取り上げて大いにほめることです。
　そうすることで、「もしも、自分たちがトラブルになったときには、自分たちで解決するぞ！」という意欲や心構えが備わります。

FOLLOW UP!

自分たちで解決したといっても、最後には必ず教師からの確認を入れるようにしましょう。「今日のことは大丈夫？」と帰宅前にも忘れずに言葉をかけます。

CHAPTER 6-5

本番当日を
最高に盛り上げる言葉かけ

本番まで一生懸命に取り組んできた学校行事。当日は、成果が実るように子どもたちの気持ちを盛り上げてサポートしていきたいものです。子どもの力を引き出す効果的な言葉かけをしていきましょう。

言葉かけ例

一度きりの○○（行事）が
やってくるよ！

一度きりの運動会だよ!!

この学年、このクラスでは一生に一度のことだ……

よし！がんばろう！

楽しもう！

NG

普段通りも大切ですが、学校行事は特別な時間です。そのことを教師自身が自覚し、そのときにしか得られないものがあると心得ましょう。

✅ 毎年が特別であることを忘れない

当然のことですが、「○年生の○○（運動会など）」はそれぞれの子どもたちにとって一度きりしかありません。子どもたちは、「来年もあるし……」「6年生まであるし……」という意識になりがちですが、保護者からすれば「○年生の○○」は一度きりなのです。毎年が特別であることを、本番直前に子どもたちと共有しておきましょう。

✅ 今年の○○（ダンスなど）は二度とない

では、どのような言葉をかければ、「一度きりなんだ」「特別なんだ」ということを感じさせることができるのでしょうか。

例えば、運動会であれば、「もう、このダンスをこのメンバーで踊ることは二度とないんだよ！」「来年はクラス替えや新しい担任の先生との出会いがあるかもしれない。でも、このクラスのメンバーで、今しかできないダンスを大切にしよう！」などと伝えると、本番に臨む子どもたちの顔つきや言動はグッと引き締まります。

✅ 「消えていく体験である」ことを自覚させる

さらに、「今の体験は消えていくもの」であることも、本番直前に意識付けるようにします。それは、本番後にも影響を及ぼします。

人は「エピソード記憶」のほうが印象強く残るといわれているからです。つまり、どれだけ思い出に残すかで、来年以降の行事指導の積み上げに影響してくるのです。

しっかりと特別な思い出をつくるように仕掛けましょう。

FOLLOW UP!

そのときだけの教師の思いや子ども同士の思いを伝え合わせ、交流させるようにもしましょう。熱い言葉が、エネルギッシュな雰囲気をつくります。

成功を自分たちで
つかみ取らせる言葉かけ

行事を大成功に終えられた後、教師はそこで満足してはいけません。子どもたちの思いをのぞいてみると、他者へ思いを馳せている姿は多く見かけますが、自分自身とは意外と向き合えていないものです。

言葉かけ例

今回の○○で成長できたことは？

今回の作品展で成長できたことは？

1つ1つを丁寧に作れたな……

友だちとおしゃべりしないで集中できるようになってきたな……

3年1組

NG　行事が終わると同時に、その行事について語らなければ、行事指導をする意味はありません。間を置かずに、しっかりとふりかえりを行うようにします。

✅ 他者評価と自己評価のバランスを

　行事を無事に大成功というかたちで終えることができると、子どもたちは「先生のおかげで発表会がうまくいった」「今回の運動会で盛り上がったのは○○くんのおかげだ」などと他者の評価はしても、意外と自己への評価には向かないものです。

　謙虚なことはもちろんいいことであり、他者評価も大切ですが、自己評価がきちんと行えてこその成長です。自分自身で得られた成果を自覚させていきましょう。

✅ 自己評価に向かわせる問いかけを

　本番終了後は、必ず教師が「うまくいったこと」「成長することができたこと」を問いかけるようにします。何度もお伝えしているように、「問うことで思考の方向」が決まります。いい面に気付かせるには、いい面に目を向けさせる教師の問いかけが必要なのです。

　プラスの問いかけを行い、子どもたちと交流するようにしましょう。

✅ キャリア・パスポートを活用する

　さらにその成長を発展させるために、2020 年度より開始されている「キャリア・パスポート」などにも行事を通した成長の足跡を残すようにします。少し時間はかかりますが、その分、子どもたちが自分自身と向き合う時間をしっかりと確保することができます。

　「行事が終われば指導は終わり」ではなく、必ずふりかえりの時間をとることで、本当の成功をつかませてあげてください。

FOLLOW UP!

「行事の後はみんな花丸」という意識をもつようにしましょう。クラスの誰一人欠けても今回の成功はなかったと教師からメッセージを送ります。

元気・勇気・自信を
引き出す言葉かけ

　子どもたちは、失敗が大っ嫌いです。しかし、失敗の大切さは大人であれば誰もが理解していることでしょう。では、どのように言葉をかければ、子どもたちを前向きにさせることができるのでしょうか。

言葉かけ例

失敗は○○○○○と読む!?

NG 「怠慢」や「いたずら」などは失敗ではありません。言うことを三度言っても聞かないなど、見逃せない言動はきちんと叱りましょう。

✅ 失敗の価値を名言で伝える

　まずは子どもたちに、失敗の価値や意味をしっかりと理解させなければ始まりません。元プロ野球選手であり、監督を務めた野村克也さんは、「失敗はせいちょうと読む」という名言を残されました。文字通り、失敗を通して成長が得られるという意味です。失敗の価値を理解し、深めるために、こうした言葉もクラス全員で共有していきましょう。

✅ 伝え方にも一工夫

　上記の名言などの共有すべき言葉は、伝え方を工夫して子どもたちに理解させていきます。例えば、「失敗は○○○○○と読む」と黒板などに提示して、説明をします。これを見て、すかさず子どもたちは、たとえ学年が下の子であっても、漢字が好きな子であれば「しっぱいだ！」と言うでしょう。そこで、野村克也さんのことを紹介しながら、「野村さんは『せいちょう』と読むと言ったんだけど、どうしてかな？」と話し合わせていくのです。

✅ 日常でも失敗を大切に

　日常的に、「失敗を大切にする」という文化をクラスの中につくっていくことも必要です。その方法の１つとして、「間違いを消さない」ということがあります。漢字でも計算でも、消しゴムを使わずに赤鉛筆で×を付けさせて、「どのような間違いであったのか」をいつでも確認できるようにします。「失敗から学び、失敗を大切にする」ということを、普段から教えていきます。

FOLLOW UP!

失敗を上手に活かしている子がいたら、必ずほめるようにします。そうして、「失敗を活用する」ことの大切さを少しずつ当たり前にしていきます。

行事の成功・失敗を次につなげる

ふりかえりの言葉かけ

　CHAPTER 6-6 でも紹介した通り、学校行事はふりかえりまでが1
セットです。このふりかえりを欠かさずに行うように習慣付けること
で、子どもたちは自然に次のステップへと活かせるようになります。

言葉かけ例

○○（行事）では、
どんなことを学んだ？

NG　執拗に言わせようとしてはいけません。あくまでも、
子どもから「先生、○○のときは……」と切り出すきっ
かけとなるようにします。

✅ 子どもは学びを感じ取っているもの

　行事ごとにふりかえりを丁寧に行うことで、さまざまな成果が得られます。子どもたちは、行事ごとに「行事を通して得たもの」を確かなかたちで積み上げ、「協力」「努力」「継続」「目標」など、そうした1つ1つの大切さや意味をしっかりと感じ取っているのです。

　これらを終了後のふりかえりできちんと押さえておくことで、子どもたちの中に蓄積され、次の取り組みや成長に活かされていきます。

✅ 子どもが語れば大成功

　ふとしたときに、「先生、運動会のときもそうだったけれど……」「先生、これは学習発表会のときに学んだ……」などと、子どもたち自身で自然にエピソードを交えながら語るようになってくる。そうした様子が見られれば、そのクラス独自の文化がつくられ、クラスとしてのカラーができあがってきたといえるでしょう。

　もう、世界で1つだけの自分たちだけのクラスなのです。

✅ 正しい目的理解が蓄積と成長を生む

　学校行事は、成功も失敗もすべて子どもたちの貴重な体験となり、同時に、大きな承認を果たしてくれる大切な時間です。しかし、その目的を教師が履き違えれば、成果のみを求める指導で終わってしまいます。

　学校行事の真の目的を忘れず、ふりかえりまでを1セットで行うことで、子どもたちの中に確かな学びと成長が蓄積されていくのです。

FOLLOW UP!

もしも、「○○(行事)のときに……」と、ふりかえりながら語った子がいたら、すかさず「もう少し詳しく教えて?」と発言を深めましょう。

GIGAスクール時代の言葉かけ

　新型コロナウイルスの影響により、予定されていたタイミングより早く、「1人1台端末」環境の整備が全国でほぼ達成されてきました。突如、学校に何百ものパソコンが届き、正直、戸惑いを隠せなかった先生も少なくなかったはずです。私自身も、その1人です。

　しかし、不思議なもので、スタートしてしまえば、教師も子どもたちも、1人1台端末を何とか触りながら使いこなし、そうした環境に慣れ始めています。いつの時代も、新しく導入されるものは、はじめは敬遠されつつも、何だかんだと少しずつ浸透していくものです。

　では、こうしたGIGAスクール構想を迎えた新たな教育環境における子どもたちへの言葉かけは、どのようにすればいいのでしょうか。

　環境が変われば、当然、言葉かけも変わります。

　私は、1人1台端末を用いた授業がスタートしてから、次のような言葉かけをすることが多くなったように思います。

「自分の思う意見を書いてみよう」

「友だちはどのように書いているのかな？　友だちの意見を見て、自分がどのように考えるのかを探ってみよう」

「自分の書いたノートを、フォルダに提出してみよう」

　こうした言葉かけをしている自分自身をふりかえってみると、「より個を重視した言葉かけ」が増えてきたことに気付かされます。

　世界が新たな時代に突入した今、人々にとって、さらに重視されるようになることは、次のようなことではないでしょうか。

- **・自分自身にとってのよりよい生き方とは何か**
- **・自分はどのようなことで社会に貢献したいのか**

　人生100年時代といわれるこれからの時代を生き抜くためには、1人1人が自分自身と向き合い、考え、判断をしながら行動することの重要性がより高いレベルで求められてきます。もちろん、小学生はまだまだその「社会」からは遠い位置にいるかもしれませんが、学校は社会の縮図です。

　1人1台端末は、あくまでもツールにすぎません。そのツールを活用しながら、子どもたちがよりよく生き抜く、そのための意欲・成長につながる言葉かけを一緒に模索していきましょう。

おわりに

　「2・3・4年生の子どもたちのよさを消してしまっているのは、私たち教師かもしれない……」

　少々きつい表現と思われるかもしれませんが、しかし、これは私の本音でもあります。これらの学年の子どもたちは、子どもらしさをたくさんもち合わせています。

- ・何でも興味・関心をもつことができること
- ・人が大好きであること
- ・どんなことにも素直に全力で取り組めること
- ・自分の思いをめいっぱい表現できること

　こうしたみなぎるエネルギーをもっているのが、2・3・4年生の特徴です。

　ときに私たち教師は、こうした元気いっぱいの子どもたちに対して、適切な言葉かけができないことがあります。もちろんそれは、私たち教師が人格者ではないからということではありません。教師は、子どもたちを愛し、子どもたちを大切にしているからこそ、教師という仕事を続けています。それでも、適切な言葉かけができないのは、適切な言葉かけを知らないからなのです。

　しかし、もう大丈夫です。2・3・4年生の子どもたちに対する適切な言葉かけの理論や方法は、本書で余すことなくお伝えさせていただきました。あとは、実践あるのみです。

　ぜひ、本書で出会った「心の栄養」である良質な言葉かけの数々を、教室の子どもたちへと届けてあげてください。これらを実践することで、よりよい「変化」を感じていただけるはずです。そして、それらの言葉かけを継続して行っていくことで、子どもたちのもつ「可能性」を十分に発揮させ、子どもたち自身にも自分の成長を実感させていくことができるのです。

　言葉かけを通じて、子どもたちの無限の可能性を拓き続けていきましょう。

2021 年 8 月 23 日

1 週間降り続いた雨がようやく上がったある晴れた日に

丸 岡 慎 弥

著者紹介

丸岡慎弥（まるおか しんや）

1983年、神奈川県生まれ。三重県育ち。
大阪市公立小学校勤務。教育サークルやたがらす代表。関西道徳教育研究会代表。
NLPやコーチングといった新たな学問を取り入れて、これまでにない教育実践を積み上げ、その効果を感じている。
教師の挑戦を応援し、挑戦する教師を応援し合うコミュニティ「まるしん先生の道徳教育研究所」を運営。自身の道徳授業実践も公開中。
著書に『やるべきことがスッキリわかる！　考え、議論する道徳授業のつくり方・評価』『話せない子もどんどん発表する！　対話力トレーニング』『高学年児童がなぜか言うことをきいてしまう教師の言葉かけ』（学陽書房）、『教師の力を最大限引き出すNLP』（東洋館出版社）など多数ある。

オープンチャット
「まるしん先生の
道徳教育研究所」

＊本名、都道府県を明記できる方のみご参加ください。「丸岡の書籍を読んで」と入力ください。

2・3・4年生がなぜか言うことをきいてしまう
教師の言葉かけ

2021年10月26日　初版発行
2024年 2月20日　4刷発行

著　　　者　　丸岡慎弥（まるおかしんや）

ブックデザイン　　スタジオダンク
イラスト　　　　坂木浩子
発 行 者　　　佐久間重嘉
発 行 所　　　株式会社 学陽書房
　　　　　　　東京都千代田区飯田橋1-9-3　〒102-0072
　　　　　　　営業部　TEL03-3261-1111　FAX03-5211-3300
　　　　　　　編集部　TEL03-3261-1112　FAX03-5211-3301
　　　　　　　http://www.gakuyo.co.jp/
DTP制作・印刷　加藤文明社
製　　　本　　東京美術紙工